Friedrich Christian Delius

Der Spaziergang von Rostock nach Syrakus

Texte • Medien

FRIEDRICH CHRISTIAN DELIUS

Der Spaziergang von Rostock nach Syrakus

Erarbeitet von Volker Frederking
Günter Heine

Schroedel

Texte • **Medien**

Herausgegeben von Peter Bekes und Volker Frederking

Druck A 5 / Jahr 2014
Alle Drucke der Serie A sind im Unterricht parallel verwendbar.

Redaktion: Franziska Voigt, Hamburg
Herstellung: Ira Petersohn, Ellerbek
Reihentypografie: Iris Farnschläder, Hamburg
Satz und Repro: UMP Utesch Media Processing GmbH, Hamburg
Druck und Bindung: westermann druck GmbH, Braunschweig
Titelbild: Paul Klee: Revolution des Viaductes, 1937
Original: Hamburger Kunsthalle, Hamburg. © bpk, Berlin, 2003
Foto: Elke Walford

Der Abdruck der Erzählung erfolgt aus lizenzrechtlichen Gründen in alter Rechtschreibung.

Das Texte • **Medien** -Programm zu »Der Spaziergang von Rostock nach Syrakus«:

978-3-507-47012-5 Textausgabe mit Materialien
978-3-507-47112-2 Arbeitsheft
978-3-507-47212-9 Informationen für Lehrerinnen und Lehrer

Informationen und Materialien im Internet:
www.schroedel.de/textemedien

ISBN 978-3-507-47012-5

Inhalt

»… und der letzte Gang nach Sizilien war vielleicht der erste ganz freie Entschluß von einiger Bedeutung.«

Johann Gottfried Seume
→ Seite 217

Johann Gottfried Seume, Spaziergang nach Syrakus im Jahr 1802

Friedrich Christian Delius

Der Spaziergang von Rostock nach Syrakus — 1995

1

– *Heute wäre die Geschichte einfach zu erzählen, ungefähr so:*

In der Mitte seines Lebens, im Sommer 1981, beschließt der Kellner Paul Gompitz aus Rostock, nach Syrakus auf der Insel Sizilien zu reisen. Der Weg nach Italien ist versperrt durch die höchste und ärgerlichste Grenze der Welt, und Gompitz ahnt noch keine List, sie zu durchbrechen. Er weiß nur, daß er Mauern und Drähte zweimal überwinden muß, denn er will, wenn das Abenteuer gelingen sollte, auf jeden Fall nach Rostock zurückkehren.

Syrakus Hafenstadt im Südosten Siziliens

An einem wolkenarmen Augustabend im Hafen von Wolgast auf der »Seebad Ahlbeck«, einem Schiff der Weißen Flotte, fällt der Entschluß, dem Fernweh endlich nachzugeben und das Land, um bleiben zu können, einmal zu verlassen. Gompitz ist müde, er hat den ganzen Tag die Urlauber zwischen Rügen und Usedom bedient mit Kaffee, Bier, Bockwurst, Käsekuchen. Die Abrechnung ist fertig, die Tische sind gewischt, er schaut auf das Wasser, Feierabend. Alles ist wie immer, nur im Kopf eine stürmische Klarheit.

»Seebad Ahlbeck« Schiff, benannt nach einem Ort auf der Insel Usedom

»Ja!« sagt er laut, geht in seine Kabine im Vorschiff, packt die schmutzige Wäsche in einen Koffer, verabschiedet sich beim Kapitän, läuft durch den Hafen und steigt in sein Auto. Nach drei Wochen Arbeit drei Tage Pause, die Frau wartet in Rostock, genug Trinkgeld in der Tasche, der Tank ist voll, es

Fernstraße 111 heute Bundesstraße 112

ist alles geregelt. Er verdient so gut, daß er nach fünf Monaten Saison im Winter nicht arbeiten muß, besser als ihm geht es nicht vielen. Er biegt auf die Fernstraße 111 Richtung Demmin ein. Ja, du brauchst ein Ziel, sagt er sich, Italien muß jetzt sein! Drei Jahre vielleicht, dann bist du in Syrakus!

Kader ideologisch geschulte staatstreue Führungskraft

Bodden flachgründige Meeresbucht

Die Ruhetage zu Hause, die Frau, ausschlafen, die Freunde, er freut sich darauf, in Rostock wieder im Mittelpunkt zu stehen, viel zu erzählen und von den Geschichten zu zehren, die er auf der »Seebad Ahlbeck« gehört hat. Es ist seine erste Saison als Kellner auf einem Schiff, jahrelang haben ihm die Kaderleiter nicht erlauben wollen, auf See zu arbeiten. Nun hat er es geschafft und ist verantwortlich für die gastronomische Betreuung der Fahrgäste und der Mannschaft, er ist akzeptiert und beliebt, sitzt an den Quellen des Alkohols, und doch fehlt ihm etwas. Die Offiziere und Matrosen, die einen Sommer lang die Ausflugsschiffe um Rügen herum und über den Greifswalder Bodden schieben, sind fast alle einmal draußen gewesen. Einer als Dritter Offizier auf der »Völkerfreundschaft« bis Kuba und Südamerika, einer kennt die asiatischen Häfen und die Mädchen dazu, einer hat als Steuermann bei der Fischerei die Stürme vor Labrador im Nordatlantik mitgemacht, vom Mittelmeer sprechen sie, als sei es die Wismarer Bucht. Für die Weltmeere ausgebildet, schippern sie nun lustlos die Urlauber durch die Boddengewässer, weil man ihnen die Seefahrtsbücher genommen hat aus lächerlichsten Gründen, Verwandte im Westen, von denen sie sich nicht lossagen wollten, oder eine unpassende Meinung geäußert oder den Sicherheitsorganen nicht zuverlässig genug, jeder Seemann ein möglicher Flüchtling. Man hat sie zum Küstenschutz, zur Baggerei oder zur Binnenschiffahrt abgeschoben, allein vier welterfahrene Seeleute auf der kleinen »Seebad Ahlbeck«, wo sie abends, wenn das Schiff festgemacht ist, um den Tisch sitzen und bei Bier und

Wodka ihre Geschichten auspacken, aus denen Gompitz immer wieder den größten Stolz heraushört, der in seinem Land zu haben ist: Wir haben was erlebt, wir waren mal draußen!

Er hat nichts zu erzählen. Er liebt die geistigen Abenteuer, sein Idol heißt Bloch und ist ein Philosoph, damit kann er hier nicht kommen. Mit Vollbart und Brille muß er sowieso aufpassen, nicht als der verlacht zu werden, der er auch ist, ein abgestürzter Intellektueller. Mit Frauengeschichten protzen, das kann er. Mit der einen oder anderen Schnurre aus seinem Leben, aber was ist schon sein Leben! Maschinenschlosser, von der Werkbank in die Schule geschickt, weil man aus dem Arbeiterkind einen Richter machen wollte, vor dem ersten Semester Jura schon verstoßen, weil er sich weigerte, jederzeit die Deutsche Demokratische Republik mit der Waffe in der Hand zu verteidigen, dann Verkäufer Gompitz, Fremdenführer Gompitz, Aushilfskellner Gompitz. Aus Sachsen an die Ostsee gezogen, weil an der Küste leichter Geld zu verdienen ist mit Bestellblock und Tablett auf den Trampelpfaden zwischen Küche und Theke und Tisch 11 bis Tisch 20. Jahrelang versucht, als Seemann anzuheuern, alle Bewerbungen abgelehnt. Zur Armee gegangen, sich schinden lassen und gedient, trotzdem neue Absagen. Selbst bei der Fischerei, deren Matrosen im westlichen Ausland ohnehin nicht an Land kommen, hat man auf den gelernten Maschinenschlosser verzichtet. In Warnemünde und Rostock die großen Schiffe, schwer beladen mit seiner alten Sehnsucht. Und nun haben die Kollegen auf der »Seebad Ahlbeck« wieder den Seefahrertraum der Jugend geweckt, einmal herauszufahren in die weite, die westliche Welt.

Bloch
→ Seite 217

Die Sonne leuchtet den Horizont aus, sinkt hinter Alleebäume und weitgestreckte Hügel, Gompitz fährt westwärts direkt in das rötliche Abendlicht, vorbei an abgeernteten Feldern. Auf graudunkle Dorfkulissen, Betonställe, Mähdrescher und Wegweiser achtet er kaum, er kennt die Strecke. Er denkt an die Berge im Süden vor Dresden, sieht sich mit fünf oder sechs Jahren, kaum über einen Johannisbeerstrauch guckend, auf den Tisch der Gartenlaube steigen an klaren Sommertagen und, plötzlich zwei Meter groß, gebannt vom weiten Blick bis zu den Gipfeln und Felsen der Sächsischen Schweiz, jeden einzelnen Berg wie ein Ziel. Später ein Ausflug mit den Eltern auf einen dieser Gipfel, Königstein, von dort der erstaunte Weitblick in die Ebene und auf neue Bergketten in der Ferne, viele Kegelberge bis an den Horizont. Was ist hinter den Bergen da, Papa? Das ist Böhmen, aber da dürfen wir nicht hin, das ist verboten! Und dahinter? Hinter dem Böhmerland das Riesengebirge, da dürfen wir nicht hin! Weiter südlich die Alpen, hinter den Alpen Italien. Hinter den Bergen immer neue Berge, die verbotene Ferne, die Welt hört nicht auf.

Italien! Syrakus! Mit so viel guter Laune ist Gompitz noch nie über das Holperpflaster von Demmin gefahren. Drei Burschen suchen das Licht einer HO-Gaststätte, ein Alter sperrt mit seinem Fahrrad die halbe Straße, im Sommer sieht das Städtchen nicht einladender aus als im Winter. Du wirst wiederkommen, sagt sich Paul, und wieder durch Demmin fahren, aber mit Italien im Kopf! Ohne die mecklenburgischen Nester, ohne die Küste und Dresden und Berlin kannst du nicht leben. Aber einmal mußt du es schaffen, dich an irgendwas festhalten und hochziehen, was hinter der Grenze liegt. Lange genug versucht, die Mauer zu vergessen, dich abzufinden und einzurichten, die Wohnung mit Helga, die alten Möbel, das Auto, die Kunstbücher, hast tapeziert und gewerkelt und ein paar Sachen um dich herum aufgehäuft. Das dulden sie, das fördern sie, die Habgier hätscheln und nach Besitz streben, obwohl das auch nicht gerade sozialistisch ist, die bürgerliche Anschafferei bis zur Datsche

HO
»Handelsorganisation«; Restaurants und Geschäfte in der DDR

Datsche
dem Russischen entlehnt für »Wochenendhaus«

und all dem Ramsch, aber was nützt dir das, wenn du eingemauert bleibst!

Immer wieder hat er auf eine Änderung der Politik gehofft, auf Tauwetter, auf Bruderküsse gegen Minenfelder, auf Reisepässe als Weihnachtsgeschenke. Biermann wird ausgebürgert, und kurz drauf gibt es Bücher, in denen mehr steht als vorher. Lernen sie da oben endlich, daß wir zufriedener werden, wenn die Leine länger wird? Dann stehen einige Frechheiten von Italiens Kommunisten im »Neuen Deutschland«, da muß doch was folgen. Die Italiener sind die letzte Hoffnung, daß ein bißchen frischer Wind ins sozialistische Lager weht. Es folgt nichts. Höchstens eine Krise. Krisen machen Mut. Es bleibt, wie es ist, also wird es schlimmer, als es ist. »Noch eins, Herr Ober!« Du schaffst was ran und siehst, wie alles in den Suff sinkt. Mußt nüchtern bleiben und höllisch aufpassen und rechnen, wenn du wirklich raus willst. Der Schlosser weiß, was man tut gegen den Rost. Aber auf dich hören sie nicht. Sie kriegen es immer wieder hin, daß man enttäuscht zum Hammer, zum Putzlappen, zur Literatur und Philosophie zurückkehrt. Mit mir nicht mehr. Die Mauer abtragen, das schaffst du nicht, aber das Schlupfloch finden, irgendwo wirst du ein Schlupfloch finden. »Noch eins, Paul!« Ein mieser Beruf, das Kellnern, aber du kriegst zweimal so viel Geld wie die meisten und bist freier als die meisten. Bloß keine Illusionen mehr auf dem Tablett. Die Farbe blättert überall, aber du kriegst keine Farbe. Zwanzig Jahre steht die Mauer, zwanzig wird sie noch stehn, und die Welt zerrt dir an den Nerven, das Westfernsehen, die Bücher, die Kinderträume. Die sollen mich nicht mehr fertigmachen, ich geh jetzt meinen Weg, sagt sich Gompitz. Mein ganz persönlicher Fünfjahresplan: Ich geh meinen Weg allein, dahin, wo ich immer hin wollte, nach Syrakus wie Seume, und niemand darf davon wissen, auch nicht Helga!

Biermann
→ Seite 217

Fünfjahresplan
Wirtschaftsplan in sozialistischen Ländern

Während er den Trabant über die F 110 durch Warrenzin, Zarnekow und Dargun steuert, versucht er sich an Seumes Route durch Italien zu erinnern. Das Buch mit dem witzigen Titel »Spaziergang nach Syrakus im Jahr 1802« hat er als Schüler gelesen und nie vergessen: ein Spaziergang! Auch ein Sachse, der Seume! Fast dreitausend Kilometer nach Italien und zurück!

Ohne Italien geht's nicht in die Kiste! Das ist die neue Parole. Weit, verrückt weit muß das Ziel sein, Seume das richtige Vorbild. Und gegen das Motorengeräusch des Zweitakters brüllt er die Namen der Städte, durch die Seume getippelt ist, schmeckt sie ab und wiederholt sie immer wieder: »Triest! Venedig! Ancona! Terni! Rom! Neapel! Palermo! Syrakus!«

Triest ... Syrakus → Seite 172 f.

2

- *Wie will er das anstellen, er ist doch weder Funktionär noch Akademiker, Künstler, Sportler oder Seemann, also ohne Chance, mit vielfach genehmigten Papieren durch die Mauer zu fahren. Hat er Verwandte?*
- *Nein, nahe Verwandte im Westen kann er nicht vorweisen, und bis zum Rentenalter sind es noch fünfundzwanzig Jahre.*

Es gibt zwei Wege, den amtlichen und den abenteuerlichen. Der erste, sagt sich Gompitz, führt über Anträge, da mußt du drängeln, buckeln, warten, den zweiten mußt du allein entdecken, planen, durchführen. Der legale und der illegale Weg, beide mußt du vorbereiten, und wenn es Jahre dauert.

Wie kriegt man einen Besuchsantrag bei Verwandten im Westen, wenn man keine hat? Die Cousine in Solingen ist zwar eine Nichte der Stiefmutter, aber, als Cousine angesprochen und wenn sie Briefe bekommt, vielleicht die Brücke eines Tages. Gompitz hat Mühe mit dem ersten Verwandtenbrief nach Westdeutschland, sucht ein paar Sätze zusammen über Vater, Mutter, Onkel und Tante und Weihnachten und Ostern. Er unterschreibt als »Dein Cousin Paul« und hat das Gefühl, als erwachsener Mann zu dienern vor der dreizehnjährigen Göre, die Mitte der fünfziger Jahre mit ihren Eltern Dresden verlassen hat. Wie oft mußt du dir das antun, »Dein Cousin Paul«?

Eine andere legale Möglichkeit könnte die Liga für Völkerfreundschaft sein. In der Hoffnung, eines Tages vielleicht in einer Delegation mitreisen zu dürfen, stellt er den Antrag, wegen seines Interesses an römischer Geschichte und deutscher Klassik in der Sektion Italien aufgenommen zu werden.

Kein Tag vergeht, an dem Gompitz nicht an Syrakus denkt.

Auf den Fahrten der »Seebad Ahlbeck« zwischen Wolgast und Lauterbach blühen seine Phantasien, schon vergleicht er den Greifswalder Bodden mit der Straße von Messina und nennt Rügen das Sizilien des Nordens.

Es wird September, das Wetter kühl und diesig, die Urlauber wollen nicht am Strand frieren und trinken kräftig Korn und Wodka, der Rubel rollt, das Saisongeschäft belebt sich noch einmal. Nur bei Nebel steigen die Leute nicht gern aufs Schiff, der Urlauber will auf dem Meer das Land sehen und ein bißchen schaukeln, bei Nebel geht beides schlecht. Alle schimpfen, der Kapitän auf die Waschküche, die wenigen Fahrgäste auf die Verspätungen, die Kollegen, weil wenig Trinkgeld einkommt.

Das Schiff hält, von Radar geleitet, den vorgeschriebenen Kurs durch die Grenzgewässer. Gompitz lehnt an der Theke. Kein Land in Sicht, keine Sicht vom Land. Das ist es! Wasser kann man schlecht absperren. In dieser Suppe können die Grenzwächter auf ihren Kreuzern niemanden aufklären, höchstens mit Radar, aber mit einem kleinen Boot müßte man durchwitschen, das ist der Weg! Nichts mit falschen Pässen versuchen, nicht durch die Minenfelder robben, das ist nicht der Weg! Es ist ihm, als höre er den Nebel flüstern, den Nebel schreien: Hier wird dich niemand erkennen, hier ist das Loch, hier geht es raus!

Er weiß nicht, wie er über das Wasser kommen soll, mit welchem Fahrzeug und an welcher Stelle, aber er ist nun sicher, daß er über das Meer nach Syrakus starten muß. Als bald darauf in einem Brief der Liga für Völkerfreundschaft auf die Statuten verwiesen wird, die Liga sei nicht für Privatleute gedacht, sondern für Vertreter der Massenorganisationen, die für die Politik der DDR werben sollen, beschließt Gompitz, den abenteuerlichen Weg zu wählen und zuerst das Segeln zu erlernen, im Winter die Theorie, im nächsten Sommer die Praxis.

Ein Stapel Bücher reicht, und Paul verbringt den Winter zu Hause in Rostock auf dem Wasser und in Italien. Er hat in der Saison genug abkassiert, in den Wintermonaten serviert er nur Helga das Frühstück und Abendessen. Er kauft ein, rückt in den Schlangen vor, bis er Gemüse bekommt, und hält die Wohnung in Ordnung. Sie streiten weniger als früher, das Thema Trennung wird nicht berührt, aber Paul weiß, daß sie öfter daran denkt als er. Seinen Beschluß verrät er nicht, weil er sicher ist, sie würde es vor Angst nicht aushalten neben ihm. Er sagt nur: »Irgendwann möcht ich in meinem Leben noch mal nach Italien, warum haben wir bloß keine Verwandten in Italien!« Damit rechtfertigt er seine Lektüre und fängt ihren milden Spott ab: »Du mit deiner Italiensehnsucht!« Während sie in der Bücherei Warnemünde arbeitet, studiert er jeden Vormittag drei Stunden lang das Segellehrbuch, lernt Begriffe wie Want und Ducht, Schwert und Pinne, segelt durch die Theorie Hoch am Wind, Vor dem Wind und mit Halbem Wind. Danach liest er zum zweiten Mal Seume, jeden Tag zehn bis zwanzig Seiten. Er spaziert mit ihm von Grimma über Dresden nach Prag und Znaim und Wien und durch die Alpen, im Januar durch die Alpen!, verfolgt den Weg von einer Stadt zur andern, immer den Atlas neben dem Buch, bis er die Route auswendig weiß und die wichtigsten Erlebnisse seines sächsischen Landsmannes im Gedächtnis hat.

Er stärkt seinen Mut an der Furchtlosigkeit Seumes, der vor seiner großen Wanderung in Amerika, in Rußland und als russischer Offizier in Polen gewesen ist, dieser gescheite Abenteurer hatte einige Erfahrungen auf dem Buckel, die Paul gut zu brauchen meint. Er studiert genau, wie Seume Gefahren meisterte, wie er das Gerede der Leute über wirkliche Gefahren zu unterscheiden wußte von dummer Angstmacherei. Die Räuber und Mordbuben, die dir auflauern, hocken nicht in Italien, sie sprechen deine Sprache!

Want
Tau oder Drahtseil zur Fixierung des Masts
Ducht
Sitzbank in einem offenen Boot
Schwert
absenkbare Platte zur Verhinderung der Abdrift
Pinne
Hebelarm zur Bewegung des Ruders
Grimma
→ Seite 172 f.

Einen Satz aus dem Vorwort streicht er an: »Meine meisten Schicksale lagen in den Verhältnissen meines Lebens; und der letzte Gang nach Sizilien war vielleicht der erste ganz freie Entschluß von einiger Bedeutung.« Vorsicht, denkt er, das ist eine Spur, und radiert den Strich weg, schämt sich sogleich seiner Feigheit und setzt nach kurzem Überlegen den Bleistift neu an, markiert die Stelle wieder und unterstreicht die letzten Wörter deutlicher als vorher. *Der erste ganz freie Entschluß von einiger Bedeutung*. So ist es, das sollen sie ruhig wissen, falls sie dir mal auf die Schliche kommen, diese Typen!

So geht der Winter dahin, und neben Helga liegend denkt er: Ich kehre ja wieder, mein Lieb! Wenn ich es schaffe rauszukommen, bin ich ein halbes Jahr später wieder hier, ich kann mir nicht vorstellen, irgendwo anders auf der Welt zu leben als hier!

Eingesperrt oder an der Grenze erschossen zu werden, von solchen Ängsten läßt er sich nicht einschüchtern. Am meisten fürchtet er, nicht wieder in die DDR hereingelassen zu werden. Darum muß alles so sorgfältig und legal wie möglich geplant werden. Nie den Eindruck erwecken, einfach türmen zu wollen, um am Konsumrausch des Westens teilzunehmen, sondern strikt dabei bleiben: Ich ertrotze mir eine Bildungs- und Pilgerreise nach Italien auf den Spuren meines Landsmanns Seume, ich versuche alle legalen Wege, aber wenn man mich nicht läßt, dann such ich meinen Weg über das Meer!

Die einschlägigen Paragraphen des Strafgesetzbuchs hat er im Kopf. Wer die Grenzanlagen beschädigt, in Gruppe, unter Mitführung gefährlicher Gegenstände, als Vorbestrafter oder mit falschen Pässen türmt, begeht schweren Grenzdurchbruch und wird nach § 213 Absatz 2 mit bis zu sechs Jahren Haft bestraft. Allein, ohne falsche Papiere und Waffen, über das Wasser, das wäre ein einfacher Grenzdurchbruch, § 213 Absatz 1, der höchstens zwei Jahre kostet. Daran wirst du dich halten. Zwei Jahre sitzen für sechs Monate reisen, schlimm genug, aber das ist die Sache wert!

Ende April 1982 packt Paul wie in jedem Frühjahr den Kellnerkoffer, setzt sich in den Trabant, fährt an der Küste entlang und fragt in den HO-Kreisverwaltungen nach freien Stellen für die Saison. Eine feste Anstellung ist immer ungünstiger als die Position eines freien Gastronomen, denn wer sich früh bewirbt, bekommt oft die schlechteren Arbeitsplätze zugeteilt. Kellner ist ein Mangelberuf, also kann er sich unter den freien Stellen die beste aussuchen, mit seinen Zeugnissen nimmt man ihn gern.

Er hat den festen Vorsatz, in diesem Sommer das Segeln zu lernen, deshalb will er nicht wieder auf ein Schiff der Weißen Flotte. Als er beim Kreisbetrieb Rügen vorspricht, der sämtliche Gaststätten der Insel verwaltet, bietet man ihm die Leitung der Nachtbar »Zur Tonne« in Binz an. Paul kann es kaum glauben, plötzlich hat er, weil der bisherige Chef wegen einer Krankheit oder eines Verdachts ausfällt, einen der besten Jobs der ganzen DDR. In dieser Bar trifft sich alles, was Geld hat, die Berliner Schickeria, die Unterwelt, Künstler. Zweimal am Tag rollen die Züge aus Berlin in Binz an, die Leute kommen fast vor die Tür gefahren und fallen mit ihren vollen Brieftaschen in die »Tonne«. Gompitz organisiert, wie er es gelernt hat, den Nachschub an Speisen und Getränken, dirigiert die Kellner und spielt zwischen acht Uhr abends und vier Uhr morgens den Gästen aus der Lebewelt den kumpelhaften Chef im Frack vor der Theke und hinter der Theke den Barmixer Paul. Er verdient gut wie nie, zu den tausend Mark Gehalt zweitausend bis dreitausend Mark Trinkgeld, und es ist erst Mai. Er sitzt in der Goldgrube und wünscht zu segeln.

Binz
Seebad an der Ostküste Rügens

In den freien Stunden fährt er die Dörfer am Bodden ab auf der Suche nach einem Segelclub. Anfänger sind nirgends gern gesehen, ein Mann mit vierzig macht Verdacht, man will unter sich bleiben. Paul ist es peinlich, sich ranzuschmieren wie ein Stasimann, aber es gibt keinen anderen Weg nach Syrakus. Anfang Juni findet er in Gager im Mönchgut einen Vorsitzenden, einen freundlichen Käptn, der ihn nicht abweist, und einen Club, in dem es nicht so streng zugeht. Paul weiß, daß man das Boot in den Wind legt, wenn man die Segel setzen will, daß man das Großsegel vor der Fock setzt, und kann, als der Käptn ihn mitnimmt aufs Hagensche Wiek und weiter hinaus in den Greifswalder Bodden, seine theoretischen Kenntnisse schnell mit den richtigen Handgriffen ergänzen.

Gager im Mönchgut Ort in der Landschaft »Mönchgut« im Südosten Rügens
Großsegel → Seite 171
Fock → Seite 171
Hagensche Wiek flache Bucht südlich von Middelhagen im Südosten Rügens
420er Jolle offenes einmastiges Segelboot von 4,20 m Länge
anschäkeln → Seite 217

Er hat sofort Spaß an diesen Törns und denkt, warum hast du das nicht früher gelernt! Von Anfang an treibt ihn der Ehrgeiz, die 420er Jolle, die normalerweise zwei Mann beschäftigt, allein zu beherrschen. Nach fünf Fahrten darf er an einem Vormittag die Segel allein anschlagen und anschäkeln und sich selbst zurufen: Leinen los! Zum ersten Mal allein auf den Wellen, in Sichtweite des Hafens, fühlt er sich bald den Regeln und Tücken von Wasser und Wind gewachsen. Er hat noch viel zu lernen, aber endlich geht es hinaus, ein Stückchen hinaus. Das Glück, die Küste des Landes entfernt zu sehen.

Wenn nur die Goldgrube in Binz nicht so weit von seinem Segelplatz entfernt läge! In der »Tonne« wächst die Arbeit, und Paul fürchtet, in dieser Saison ein reicher Mann zu werden, aber kein Segler. Er träumt von einem einfachen Job nah am Hafen. Er fragt in den Gaststätten von Gager, Groß Zicker und Lobbe nach einer Stelle. In der »Fischerklause« von Lobbe wird ein Kaffeekoch gebraucht. Kaffeekoch, das ist das Letzte, und Paul muß vor dem Gaststättenleiter flöten, er würde viel lieber hier arbeiten, in dem alten Fischernest, am schönen Strand von Lobbe, neben den wunderbaren Bergen des Mönchgut, im Naturschutzgebiet, die vielen Leute und die Snobs in diesem blöden Binz gefielen ihm nicht, er sei ein Naturliebhaber und Segler und möchte mal richtig segeln!

Groß Zicker und Lobbe Orte auf der Südosthalbinsel Rügens

Eine ähnliche Begründung trägt er dem Direktor des Kreisbetriebs Rügen vor. Der schüttelt den Kopf, das ist noch nie vorgekommen, daß einer mitten in der Saison, Ende Juni, noch vor der großen Kasse im Juli, August, den besten Job der Insel aufgibt, vom Barleiter zum Kaffeekoch, von viertausend Mark auf tausend, der muß verrückt sein! Naturliebhaber? Aussteiger! Sie lassen ihn ziehen, genug Neider wollen Barleiter in der »Tonne« werden.

Paul weiß, daß sein Abstieg ihn verdächtig macht, mindestens ein Vermerk in der Akte, aber er kann nun in fünf Minuten an seinem Hafen sein. Die »Fischerklause« ist ein mieser Beatschuppen, mittags wird Küche gemacht für die Urlauber vom Zeltplatz, nachmittags verkauft Paul Kaffee und Kuchen, nachts gibt es Tanz und Krach bis Mitternacht. Er hat viel Zeit, kann den ganzen Vormittag und abends ein paar Stunden segeln, an Wochenenden und freien Tagen jede Minute nutzen. Bald hat er es geschafft, vom Vorsitzenden einen Schlüssel zu kriegen für die Boote, die am Steg angekettet liegen, und für den Schuppen, aus dem er die Segel holt. Bald wird es Routine, die Schoten anzustecken, durch die Leitösen zu ziehen und hinauszusegeln.

Schoten Segelleinen

Er lernt mehr als das Gefühl für Wind und Gleichgewicht. Auf der Jolle, die Blicke konzentriert auf Wellen, Küste und Windrichtung, muß er nicht mehr an die Goldgrube denken, die er zugeschüttet hat, an die tausend Mark, die ihm jede Woche entgehen, und nicht an die meckernden Urlauber, die in diesem Sommer besonders unzufrieden sind. Wegen der Maul- und Klauenseuche in Mecklenburg sind im Frühjahr große Viehbestände notgeschlachtet worden, nun gibt es kein Fleisch, Fisch sowieso nicht, immer nur Eierspeisen, und die Leute stopfen sich zum Mittagessen lieber mit Kuchen voll, um nicht zum dritten Mal in der Woche Setzei mit Senfsoße essen zu müssen, nachmittags ist der Kuchen weg, ohne Kuchen kein Urlaub, und der Zorn trifft zuerst die Kellner. Nebenan in Polen regiert das Kriegsrecht, hier regiert der Mangel, und Paul verfolgt eisern seinen Plan: Du mußt dein Boot beherrschen! Er übt Anluven, Abfallen, Halsen und Wendemanöver, mit dem Bug durch den Wind.

Anluven **Winkel zwischen Kurs und Windrichtung verkleinern**
Abfallen **den Bug eines Bootes aus dem Wind drehen**
Halsen **→ Seite 217**

Nach jeder Ausfahrt aus dem Hafen von Gager rückt die Insel Vilm in den Blick, auf der die Bonzen aus dem Politbüro abgeschirmt ihren Urlaub verbringen. Für sie werden, das wissen die Kollegen aus Lauterbach, Fisch und Südfrüchte angekarrt, sie sitzen im Fleisch wie die Maden und verbieten Leuten wie Paul Gompitz das Reisen. Seine Flüche gehen über die Wellen Richtung Vilm, die Wut spornt ihn an, immer mutiger segelt er in jedes Wetter und lernt, die Jolle richtig auszureiten. Ehe er sich für dieses Jahr von Rügen verabschiedet, bringt er die praktische Prüfung für den Segelschein hinter sich und kauft in Gager für 6000 Mark eine Yxylon-Jolle.

3

- *Wie will er sich im Westen durchschlagen, ohne Geld bis Italien?*
- *An Geld fehlt es ihm nicht. Er weiß, daß der Westen teuer ist, das Essen, die Fahrten, die Übernachtungen, und er will nicht als armer DDR-Bürger um Almosen betteln.*
- *Aber er braucht DM!*
- *Hat er. Von Gästen, von Seeleuten, vom Schwarzmarkt. Das Problem ist nur: wie kriegt man Westgeld in den Westen?*

Paul mißtraut seinem Staat, er fürchtet, die DM-Mark könnte wie in den fünfziger Jahren durch einen Blitzumtausch von einem Tag auf den andern entwertet werden. Deshalb hat er seit Jahren DM ertauscht und gehortet. Während andere ihr Westgeld in den Intershop tragen, um besseren Schnaps, Zigaretten und Überraschungseier zu kaufen, hat er sein Geld in Hundertmarkscheine gewechselt, die Scheine glattgestrichen, gebündelt und in eine Plastiktüte gesteckt. Der erste Schatz war im Gartenschuppen der Eltern in Dresden versteckt, bis er darauf kam, daß man ihn hier zu leicht beobachten könnte. Also vergrub er das verbotene Geld im Wald, wo er es fast verloren hätte, nach vier Wochen entdeckte er das Geldbündel im Laub, es war zu flach eingegraben, Hunde oder Wildschweine hatten da gescharrt, die Scheine waren schlecht verpackt, naß vom Regen und klebrig, Erdkrümel dazwischen.

Seitdem ist Paul Perfektionist: Jeder Schein wird mit einer Kerze eingewachst, das Bündel in der Plastiktüte mit breitem Heftpflaster verschweißt und unter den Wurzeln markanter Bäume mindestens 40 cm tief eingegraben mit einem Löffel, den er stets bei sich trägt. Sein Valutadepot, wie er das Versteck in Selbstgesprächen nennt, liegt in der Dresdner Heide,

Valuta
Geld in ausländischer Währung

nicht zu nah und nicht weit von Spazierwegen, wo er bei Gefahr einfach vorbeigehen kann, ohne sich verdächtig zu machen. Alle paar Monate wird das Depot kontrolliert und aufgefüllt, nun liegen 4000 DM unter den Bäumen, die in den Westen müssen, also erst einmal nach Rostock.

Ende Oktober fährt er nach Dresden, wo er die Einzimmer-Wohnung seiner Lehrlingszeit behalten hat, und holt das Bündel aus dem Valutadepot. Es ist unversehrt, er schlendert mit seinem Vermögen durch die Dresdner Heide und pfeift vor sich hin. In der Wohnung verstaut er es in der Reisetasche. In Rostock hat er für diesen Freitag das Kürzel *Valdep* in seinen Taschenkalender eingetragen, das er nun mit Bleistift durchstreicht.

Er will erst am Montag zurück und plant, da er Sehenswürdigkeiten zu besichtigen liebt, für das Wochenende einen Ausflug nach Böhmen, zur Burg Schreckenstein hoch über Ustí. Seit zehn Jahren ist die ČSSR das einzige Land, in das die Bürger der DDR ohne weiteres fahren können, einfach mit dem Ausweis über die Grenze, und Paul nutzt jede Gelegenheit, seinem Staat für ein paar Tage oder Stunden zu entfliehen.

Ustí
Stadt in Böhmen; deutschsprachig »Aussig«

Es regnet, er ist fast der einzige Fahrgast im Zug, die Zollkontrolle in Bad Schandau ist penibel wie immer. In Děčín kommen die Zöllner der DDR noch einmal, man tastet Gompitz ab, läßt alle Hosentaschen und Jackentaschen leeren. Er hat die erlaubte Menge tschechischer Kronen, aber kein Gepäck dabei, die Zahnbürste in der Regenjacke. Als einer die Bilder von der Wand schraubt, sogar in den Nachbarabteilen, beginnt Paul zu ahnen, daß man an diesem Tag noch mehr mit ihm vorhat. Der Zöllner findet nichts, aber ein Ziviler tritt hinzu, streckt einen Dienstausweis hin und sagt: »Kommen Sie mal mit, zur Klärung eines Sachverhalts!« Er wird aus dem Zug geführt und in eine Baracke gesperrt.

Sie befehlen ihm, sich nackt auszuziehen. Zwei Männer gucken ihm in den Hintern und kämmen das Schamhaar durch, kämmen den Bart durch. Die ernsthafte Suche der ernsthaften Zöllner findet er albern, außerdem hat er ein gutes Gewissen. Er hat nichts schmuggeln wollen, er hat keine Flucht über die tschechische Grenze geplant, er ist ein harmloser Ausflügler. Er darf sich wieder anziehen und Brille und Taschentuch behalten, alles andere kassieren sie, Brieftasche, Geld, Notizbuch, Schlüssel, Papierschnitzel, Zahnbürste.

Aber sie lassen ihn nicht laufen. Zwei Mann begleiten ihn wie einen Häftling ohne Handschellen mit dem nächsten Zug nach Bad Schandau in die DDR zurück. Mit dem Satz »Sie werden jetzt von den Zollorganen der Deutschen Demokratischen Republik entlassen und einem anderen Sicherheitsorgan der DDR zur Klärung eines Sachverhalts überstellt!« kriecht die Angst in den Körper: Wenn sie dir jetzt einen Haftbefehl präsentieren und deine Wohnung durchsuchen, den Schlüssel haben sie, dann finden sie sofort das Geld, das Valutadepot! Die Fingerspitzen werden taub, die Hände beginnen zu flattern. Jetzt nicht durchdrehen, jetzt nicht durchdrehen! Hier kann dir nichts passieren, aber wenn sie dich verhaften und vierundzwanzig Stunden festhalten und die Wohnung durchwühlen, dann kannst du einpacken.

Wieder eingesperrt, versucht er sich zu konzentrieren, wie sie ihn treffen und unter Druck setzen können. Das Notizbuch werden sie durchschnüffeln, alle Adressen der Freunde, auch der alten Freunde abschreiben, überprüfen und die wildesten Verbindungen konstruieren zu Leuten, von denen du schon lange nichts gehört hast. Er sackt zusammen, als ihm der Eintrag *Valdep* einfällt. Wie kannst du nur so blöd sein, beschimpft er sich, und das Depot, an das du sowieso Tag und Nacht denkst, auch noch im Terminkalender notieren! Viertausend DM, das ist ein Straftatbestand, das reicht für den

Knast. Viertausend Westmark, für die du jahrelang geschleppt und gedienert hast! Wenn dein ganzes Vermögen weg ist, kannst du alle Pläne begraben! Valdep, Valdep, was kannst du dem Vernehmer bloß sagen, wenn er fragt, was Valdep heißt?

Er konzentriert sich, spricht die beiden Silben stumm vor sich hin und wartet auf eine Idee. Valdep, das ist Waldepos, ja, du schreibst an einem Waldepos, du schreibst einen Wanderführer für die Insel Rügen, speziell über die Wälder, und wenn der sagt, Wald wird ja wohl mit W geschrieben, dann sagst du, das ist auch ein W, schnell hingeschmiert. Der Einfall rettet ihn aus der schlimmsten Panik, Waldepos ist nicht einmal gelogen, er hat in Rostock Notizen über das Wandern in Rügens Wäldern im Schreibfach liegen.

Man führt ihn in eine größere Zelle, an der Tür bewacht von einem Zivilen. Im Hintergrund hockt noch ein Häftling, der nach der Begrüßung eine halbe Stunde schweigt und sich dann mit leiser Stimme anpirscht: »Ich heiße Günter. Mich haben sie schon gestern abend geschnappt, eine Nacht und einen Tag in diesem Loch, keine Ahnung, was die wieder von mir wollen, die Schweine. Schon genug im Knast gesessen. Immer gegen die Vorbestraften, aus dieser Scheiße kommste nie raus, wenn du einmal drinhängst.«

Paul will schon antworten und von der Burg Schreckenstein erzählen, doch er merkt, hier stimmt was nicht. Hinter der Tür der Bursche von der Stasi, und dieser Günter redet auf ihn ein, leise, aber unvorsichtig, mit lauernden Pausen und in einem stark anhaltinisch gefärbten Deutsch. Die vielen Vorstrafen des unbekannten Günter interessieren ihn nicht, Paul sagt nur: »Ja.« und »So?« In keiner Minute verläßt ihn die Furcht, daß sie schon in Dresden die Wohnung durchsuchen. Hellwach und erschöpft macht er sich Vorwürfe über seine Dummheit. Er überlegt, wenn du bei der Stasi wärst, wann wärst du dir verdächtig geworden? Der Mann, der in Lobbe den ganzen Sommer in der »Fischerklause« herumlungerte und die Leute aushorchte? Oder die Sache in Binz, daß du den Job als Chef von der »Tonne« geschmissen hast? Nein, die Grenzreise vor drei Wochen mit Helga, als du die verrückte Idee hattest, an der Westgrenze entlang, immer so nah wie möglich an der Fünf-Kilometer-Sperrzone, oft bis zu den Posten und Schildern, über die Dörfer nach Süden bis Sonneberg zu fahren, um die Angst vor der Grenze zu verlieren, das wird es sein! Alles andere liegt früher, die Verweigerung von 1961, der Ärger in der Armee, die Anträge bei der Schiffahrt, die abgelehnten Visa für Polen und Bulgarien. Früher haben sie dich auch gefilzt, aber ohne weiteres in die ČSSR fahren lassen, nie den Arsch aufgerissen und dich festgenommen.

»Ich kenne den Knast«, Günter läßt nicht locker, »genug Suppen mit faulen Erbsen gegessen, eins hab ich gelernt, wie man Ratten zähmt, du mußt nur aufpassen, daß du es immer mit derselben Ratte zu tun hast. Du brauchst so ein Haustier, zum Trost. Wenn einer gut aussieht so wie du, dann hast du nichts zu lachen, dann wirst du rangenommen, dann wirst du vergewaltigt, ob du willst oder nicht, nicht nur von einem, nein, da zappeln sich viele an dir ab, und glaub bloß nicht, daß du dich beschweren kannst irgendwo, die Wärter wissen alles, das ist die wahre Erziehung zum sozialistischen Menschen, sag ich dir.«

»Hör auf!« sagt Paul. Furcht hat er genug, die Angst aber, die der Kerl ihm machen soll, wird mit allzu plumpen Mitteln angerührt. Wenn sie solche Typen einsetzen, dann haben sie nichts in der Hand gegen dich. Einschüchtern, Angst machen, das ist ihre Spezialität, darauf beruht das ganze System, und wenn du darauf nicht reinfällst, hast du schon halb gewonnen.

Ohne die Uhr schätzt er die Wartestunden und wundert sich, daß er bald schon nicht mehr weiß, ob sie ihn nun fünf oder acht oder dreizehn Stunden festhalten. So schnell geht das also. Während Günter immer wieder versucht, ihn zum Reden zu bringen, macht er Pläne: Was muß ich tun, wenn sie mit mir nach Dresden fahren? Was sag ich Helga?

Endlich das Verhör. An der Armbanduhr des Vernehmers sieht er, daß sie ihn fünfzehn Stunden haben sitzen lassen. Der Mann hält das Notizbuch in der Hand und fragt nach Namen. Paul antwortet so knapp wie möglich und vermeidet Lügen. Sie wollen wissen, warum er mit so wenig Gepäck, warum er am Samstag in der Frühe von Dresden, warum er von Rostock nach Dresden gereist sei, was er in Dresden gemacht, wen er besucht habe. Er merkt bald, daß sie nur den einen Verdacht haben: Republikflucht. Das macht das Antworten leichter. Jeder, der auffällt, wird verdächtigt zu fliehen, weiter denken die Stasileute nicht, fixiert auf das Staatsverbrechen Nummer 1: Grenzdurchbruch. Daß einer die Regierung stürzen oder an den Machtverhältnissen etwas ändern will oder ganz einfach eine Reise nach Syrakus vorbereitet, das kommt ihnen nicht in den Sinn, völlig verblendet von der einzigen Sorge, daß wieder jemand abhaut. Nach Valdep wird nicht gefragt.

Nach einer Stunde, nachts gegen zwei, lassen sie ihn gehen, er muß über die Brücke zum Bahnhof rennen, weil gerade ein Zug nach Dresden einläuft. Noch einmal die Furcht, alles durchwühlt zu finden, die viertausend Westmark weg, die Verhaftung in der Wohnung. In Dresden mit der Taxe nach Hause. Das Geldbündel liegt in der Reisetasche, niemand scheint geschnüffelt zu haben. Wohin mit dem Geld? Nach Rostock mitnehmen, das geht jetzt nicht, wo sie hinter dir her sind. Also verstecken. Aber wenn sie dich observieren?

Er geht nach Plan B vor, den er in der Haftzelle entwickelt hat. Er verstaut das Bündel und einen Löffel in der Jacke und verläßt das Haus und tut so, als wolle er sich so schnell wie möglich besaufen. Um fünf Uhr am frühen Sonntagmorgen läßt im ersten sozialistischen Staat auf deutschem Boden kein

Portier einer Nachtbar fremde Gäste ein, schon gar nicht einen Fußgänger mit Vollbart und Jacke. Aber er muß so tun, als habe er kein anderes Ziel als ein paar doppelte Wodka. Er geht an mehreren geschlossenen Kneipen vorbei in Richtung des Parkhotels auf dem Weißen Hirschen, die einzige Nachtbar der Stadt, die gegen drei noch nicht geschlossen ist. Obwohl er keine Beobachter im Rücken vermutet, dreht er sich immer wieder unauffällig um. Der Portier des Parkhotels weist ihn ab wie erwartet. Gompitz schlägt nun den Rückweg über die Dresdner Heide ein, niemand folgt ihm, sucht einen Baum, scharrt mit dem Löffel ein tiefes Loch, vergräbt das Geld, tritt die Erde fest, legt Laub und Äste darüber und trottet in die Wohnung zurück.

Die Abfahrtzeiten der Züge nach Rostock im Kopf, fährt er vier Stunden später wieder zum Bahnhof. Helga erschrickt, als er, der anderthalb Tage kaum geschlafen hat, ins Zimmer tritt: »Du siehst ja aus wie tot!« Er erzählt ihr alles, nur nichts von seinem Depot.

4

- *Einmal in der Stasimangel, da hätten andere aufgegeben.*
- *Sind nicht alle wie er. Gompitz wird wütender, entschlossener, listiger.*

Wieder haben es die Stasileute geschafft: Eingeschüchtert, verschreckt sitzt man in der Ecke und macht sich selbst mehr Vorwürfe als ihnen. Helga leidet unter seinem Schock mehr als er, ihre Empörung ist lauter als seine:

»Das Schamhaar durchkämmen! Ein Spitzel in der Zelle! Sechzehn Stunden! Da siehst du, was für eine blöde Idee das war mit der Grenzreise!« Paul gibt ihr recht in allem.

Nach einigen Tagen wacht er auf: Die Angst ist die einzige Waffe, die sie gegen dich haben. Da gibt's nur eins, sich keine Angst machen lassen, doppelt vorsichtig sein, alles zehnmal überlegen, fünfmal nach ihrer Logik und fünfmal nach deiner. Es bleibt bei der Parole: Ohne Italien geht's nicht in die Kiste!

Drei Wochen nach dem Verhör ist er wieder in Dresden. Die Reisen kosten ihn wenig, da er einen Dresdner Ausweis hat und in Rostock Kollegen genug kennt, die den Stempel für die Arbeiterrückfahrkarte geben. Er holt die viertausend Westmark aus dem Versteck, trägt sie vom Süden des Landes an die Nordgrenze, steigt mit Löffel und Taschenmesser in die S-Bahn nach Warnemünde und sucht im Strandwald ein neues Depot. Von einer Sitzbank aus nimmt er ein Seezeichen am Ufer ins Visier und wählt eine starke Buche, die genau auf der Blicklinie liegt. In der Dämmerung gräbt er mit Messer und Löffel zwischen den Wurzeln das Loch einen halben Ellbogen tief, legt das verschweißte Bündel hinein und schüttet die Erde wieder auf. Er steckt Zweige über dem Depot fest, um beim nächsten Kontrollgang die Sicherheit zu haben, daß kein Tier dort gescharrt, kein Mensch da gewühlt hat. Am folgenden Tag kehrt er zurück in den Stolteraer Wald, prüft alles und zeichnet, auf der Bank sitzend, mehr aus Vergnügen an der Perfektion als aus Mißtrauen gegen sein Gedächtnis, die Baumgruppe mit Buche und Sträuchern, im Hintergrund Seezeichen und Meer, auf eine Postkarte, tarnt die Zeichnung als Ansichtskarte, adressiert sie und schreibt: »Liebe Eltern! Da es auch von diesem schönen Flecken an der Ostsee keine Ansichtskarte gibt, habe ich Euch diese Ansicht gezeichnet. Gruß, Paul.« Die Karte behält er in der Brieftasche.

Helga und den Freunden gegenüber versucht er der Paul zu bleiben, den sie kennen, locker, beliebt, für jede Geselligkeit und Gemütlichkeit zu haben, ein König, der gut durch den Winter kommt und im Frühjahr wieder hinauszieht und sein Glück macht in der Bar oder am Buffet. Er achtet darauf, nur mäßig mitzutrinken, um nichts zu verraten von seinen Geheimnissen, die ihn Tag und Nacht beschäftigen, die Pläne, die als das Schlimmste in seinem Staat gelten, der Fluchtweg für das verbotene Geld und der Fluchtweg für sich selbst.

Wenn Helga bei der Arbeit ist, büffelt er die Theorie des Segelns, die Prüfung für den »Segelschein für Binnenwasserstraßen und die inneren Seegewässer der DDR« fällt ihm nicht schwer. Er studiert die Küstenkarten und sucht die möglichen Routen durch die Grenzgewässer in die offene See Richtung Dänemark. Nur ganz wenige von der Stasi geprüfte Sportsegler mit der PM 18 läßt man auf die Ostsee, einer wie Gompitz darf keinen Meter in die See hinaus, nicht einmal anlegen. Nachtsegeln ist auch verboten, aber nur nachts könnte man aus einer Anlegestelle der Binnengewässer bis in die hohe See vorstoßen. Alle Wege nach Dänemark weit, zwischen 55 und 100 Kilometern. Im Frühjahr und Herbst sind die Nächte auf dem Wasser lebensgefährlich kalt, im Sommer kurz. Die Chance steht 1 : 1000, aber wo wäre die 1?

PM 18
DDR-Ausnahmegenehmigung für das Segeln auf der Ostsee

Die Möglichkeit, zwischen Usedom und der Südecke von

Rügen aus dem Greifswalder Bodden auf die Ostsee hinauszusegeln, scheidet zuerst aus, weil der Weg nach Bornholm zu weit und diese Küstenlinie ständig von der Volksmarine, die in Peenemünde und Dänholm ihre großen Häfen hat, abgefahren und von Leuchttürmen überwacht wird. In dieser Gegend, das hat Paul schon in Lobbe beobachtet, wird nachts der Strand abgeleuchtet.

Nördlich von Stralsund zwischen der Halbinsel Zingst und dem Bock zwischen vielen kleinen Inseln durch, aber dort ist es zu flach, vielleicht dreißig Zentimeter bei auflandigem, fast trocken bei ablandigem Wind. Wo sind die schmalsten Stellen zwischen Binnengewässern und Ostsee? Da ist Prerow auf dem Darß, die Insel Hiddensee und auf Rügen Baabe, Sellin, Lobbe, Juliusruh, Dranske. Zwischen Prerowstrom und der See liegen nur zweihundert Meter Land, an den anderen Stellen sind es vierhundert oder fünfhundert Meter. Alles ist Grenzgebiet und wird von den allgegenwärtigen Soldaten und von Grenzhelfern ohne Uniform Tag und Nacht kontrolliert. Für einen einzelnen ist es unmöglich, eine fünf Zentner schwere Jolle unerkannt über eine Düne oder durch Wohngebiete zu zerren, höchstens mit einer Bootskarre, die er sich selber bauen müßte, weil sie für ihn nicht zu kaufen ist.

Am meisten verspricht Hiddensee. Von der Nordspitze zur Insel Mön, nur 55 Kilometer bis Dänemark, das sieht am einfachsten aus. Um aber aus den Liegeplätzen von Vitte über die Sandbänke der Boddengewässer zu kommen, braucht man eine komplizierte Wetterlage. Erst einen Nordwest, damit der Bodden genug Wasser hat, dann Südwestwind, um über die Priele zu gleiten, und mit einem Südwest nach Westnordwest Richtung Mön segeln, auch das kein Kinderspiel. Die Südroute hat den Nachteil: Viel näher am Fahrwasser nach Stralsund, mehr Bewachung und 86 Kilometer bis Gedser, bei Tagesanbruch wäre die Jolle immer noch in den Terri-

Gedser Fährhafen im Süden der dänischen Insel Falster

torialgewässern der DDR, aber mit dem passenden Wind zwischen Nord und Ost ist hin und wieder mal zu rechnen.

All das kann er nicht am Wohnzimmertisch entscheiden. Darum faßt er den Plan, im Sommer nicht zu arbeiten, das Geld reicht noch ein halbes Jahr, und statt dessen wie der Teufel zu segeln zwischen Hiddensee und Rügen bis an die Grenzbojen, dabei alle möglichen Startplätze für die Flucht zu erkunden, dann die Entscheidung zu treffen und im Winter in der Stadt einen Job zu suchen.

Täglich spielt er Ideen durch, das Geld außer Landes zu bringen. Ein Versteck auf dem Boot, viel zu riskant, wie schnell wird man geschnappt, bei mehr als dreihundert Mark käme noch ein Zoll- und Devisenvergehen dazu. Mit der Post? Mit Hilfe von Besuchern aus dem Westen, vielleicht der Cousine? Alles wird bei den strengen Burschen vom Zoll scheitern. Zum ersten Mal stört es ihn, mit niemandem über seine Pläne und Grübeleien reden zu können. Es muß doch eine einfache, geniale Idee geben, allein kommst du bloß nicht drauf!

Prag! Das ist die Lösung! Überall Touristen aus Westdeutschland, die man mit einer unscheinbaren Lüge ins Vertrauen ziehen und um die Mitnahme des Geldes bitten kann. In der ČSSR geht alles etwas lässiger, der Zoll ist nicht so streng, die Westdeutschen sind nicht so ängstlich, Schwarzgeschäfte leichter.

Im März 1983 sagt er Helga, er werde die nächsten Wochen auf den Spuren Seumes durch die DDR und die ČSSR wandern. Sie ist Überraschungen dieser Art gewohnt und fragt sonst nicht viel, nun ist sie entsetzt, daß er wieder in die Richtung drängt, wo ihn die Stasi erst vor einem halben Jahr in der Mangel gehabt hat. Er sagt: »Gerade deshalb, damit ich die Angst loswerde«, packt den Rucksack, holt das Geldbündel aus dem Warnemünder Wald und verschwindet aus Rostock.

In Grimma, wo Seume seinen Gang nach Syrakus begonnen hatte, steigt er aus dem Zug, läuft nach Meißen und weiter Richtung Dresden, fährt mal eine Strecke mit Bus oder Bahn und läuft wieder ein Stück, immer so nah wie möglich auf der Route Seumes durch Sachsen bis an die Grenze nach Rosenthal im Erzgebirge, wo er bei Freunden wohnt.

Route Seumes
→ Seite 172 f.

In der Nacht gegen eins, die Freunde schlafen, nimmt er Geldbündel, Löffel und Messer und schleicht bergauf Richtung Grenze. Er ist oft in Rosenthal gewesen und kennt das Terrain, den Feldweg durch zerfressenes, kahles Baumgestänge, das einmal ein Wald gewesen ist. Oben auf dem Kamm ein einfacher, verrotteter Drahtzaun mit Lücken, er muß ihn nicht einmal übersteigen. Das Gelände wird nicht bewacht, nur selten streifen hier Posten herum, in beiden Ländern gibt es keinen Grund, sich nachts über die grüne Grenze zu stehlen, man darf nach Laune und Lust reisen und braucht die Stempel an den Übergängen. Auf der kahlen, stoppligen Fläche findet Paul wenig Deckung in der Dunkelheit, er horcht und wartet, wenn er einen Hasen aufgescheucht hat, bis es ganz ruhig wird. Der Wald ein Trümmerfeld, die gestorbenen Bäume liegen gebrochen und gefällt, die Stubben aus der Erde gerissen, und Paul schleicht und stolpert durch das gespenstische Gelände in die Tschechoslowakei hinunter. Sein Ziel ist die Landstraße nach Děčín, die laut Landkarte einen Kilometer unterhalb der Grenze einen Knick macht. Er ist richtig gelaufen, er findet die Stelle, braucht nicht zu graben, da er ein leeres Abflußrohr an der Straße entdeckt, er stopft die 4000 DM hinein, legt Grasbüschel darüber und einen Stein davor, steigt wieder zurück über den Berg durch Stubben, Wurzeln und Gehölz und legt sich ins Bett.

Am Morgen fährt er zum Grenzübergang nach Bad Schandau, vermeidet es, in die Nähe des Gebäudes zu kommen, wo sie ihn verhört haben, kauft eine Fahrkarte bis Prag, wird in

Děčín wieder aus dem Zug geholt, durchsucht und ausgefragt, bis der Zug weg ist. Sie können nichts Verdächtiges finden, sie wollen ihn nur von dem Zug trennen, in dem er etwas versteckt haben könnte. Sie schicken ihn nicht zurück. Er wartet, nimmt den nächsten Zug, steigt in Ustí aus und fährt nachmittags mit einem Bus ins Gebirge hinauf.

Er muß sich anstrengen, nicht einzunicken neben den müden Arbeitern, die Gesichter der Frauen so krank und ausgelaugt wie die der Männer, gelbgraue Gestalten, aus den Fabrikhöllen in den Feierabend entlassen in ihre gelbgrauen Dörfer, wo nichts mehr richtig wächst vor lauter Gift und Dreck. Das kennst du doch alles von Otto Nagel und diesen Malern, so sahen die Gesichter im frühen Kapitalismus aus! Sein Vater wollte ihn früher auch in eine solche Giftmühle stecken als ehrbaren Maschinenschlosser, Paul wehrte sich mit dem Argument der gesunden Seeluft, der Vater beschwor die Gefahren der Seefahrt, und Paul hielt dagegen: »Die Fabrik, die Knochenmühle, den Giftkessel, den hältst du wohl nicht für gefährlich?« Hier, in der nördlichen ČSSR, ist es schlimmer als sonstwo im Sozialismus, die trostloseste aller Landschaften, das muß die Leute doch aufwecken! Er begreift nicht, warum sie sich so zerstören lassen. Er spürt den Haß in sich wachsen und fürchtet, daß ihm der Aufschrei herausrutschen könnte, den alle diese Männer und Frauen nicht mehr wagen. Der Bus kriecht die Berge hinauf, die Landschaft liegt im Drecknebel, und Gompitz kommt sich verlassener vor denn je. Es scheint ihm, als müsse er noch einmal diese Hölle streifen, ehe er sie verlassen kann in Richtung Syrakus mit Hilfe der vierzig Hundertmarkscheine, die hier versteckt liegen.

Otto Nagel
→ Seite 217

In Tisá steigt er aus, die Sonne ist gerade untergegangen, läuft in der Dämmerung die Landstraße entlang, paßt auf, daß niemand folgt, erreicht den Straßenknick, an dem er in der

Nacht gewesen ist, bückt sich, greift in das Abflußrohr, holt unter dem Grasbüschel das Bündel hervor, steckt es in die Tasche, läuft nach Tisá zurück, nimmt den Bus nach Děčín und dort den nächsten Zug nach Prag.

Im Speisewagen ist ein Platz frei an einem Tisch mit einem Paar, das nach westdeutschen Touristen aussieht. Paul sucht das Gespräch mit ihnen, ein betrunkener Franzose, der halb schläft, und seine junge deutsche Freundin. Sie erzählt, daß sie ein Gasthaus haben in Frankreich und daß sie alternativ leben. Er läßt sich erklären, was das heißt, »möglichst viel selber machen«. Sie gefällt ihm, mit ihr würde er auch gern ein Gasthaus haben in Frankreich. Die idealen Leute, überlegt er, um das Geld in den Westen zu schaffen, bis Prag mußt du sie warmhalten und dich als Führer durch die Kneipen anbieten. Sie beschreibt die schöne bergige Gegend an der Garonne, und er fragt: »Ist das vielleicht im Perigord?« Die Frau fährt hoch: »Woher kennen Sie das Perigord?« – »Ganz einfach, steht doch in jedem Schulatlas, am Mittellauf der Garonne, auf der nördlichen Seite der Garonne, die Gegend heißt Perigord, das weiß doch jedes Schulkind.« Die Frau glaubt ihm nicht, bleibt erschrocken, weckt ihren Franzosen aus dem Rotweindämmer und tuschelt mit ihm. Sie denkt, denkt Paul, ich hätte ihr nachgeschnüffelt, es ist ihr wohl völlig unbegreiflich, daß ein DDR-Bürger sich in Frankreichs Geographie auskennt, ohne ein Spitzel zu sein.

Die beiden schweigen nun standhaft. Es fällt ihm bis Prag kein Mittel ein, ihr Vertrauen wiederzugewinnen. Der erste Versuch ist kläglich gescheitert. Sie trauen uns Ostmenschen nichts zu, nicht einmal, daß wir Experten sind für Reisen mit dem Finger auf der Landkarte! Er zieht die erste Lehre für den Umgang mit Westmenschen: besser dümmer stellen als du bist.

Nach einer Übernachtung in Prag fährt er ein Stück mit

dem Zug und wandert in mehreren Tagesetappen auf Seumes Strecke durch Mähren nach Süden, 4000 Westmark im Rücken, lauernd auf westliche Touristen in jedem Gasthaus, vor jeder Sehenswürdigkeit. Auf dem Lande, meint er, haben die Fremden mehr Zeit, weniger Angst vor Kontrollen und seien besser anzusprechen als in Prag. Sein Ideal ist ein westlicher Wanderer, ein westlicher Seume. Aber der einzige Seume-Nachfolger weit und breit ist er selbst.

Am vierten Tag kommt es zu einer Begegnung, ein Geschäftsmann, mit dem ersten Satz freundlich, weist ihn mit dem dritten schon ab. Am sechsten Abend sitzt Paul endlich mit Westdeutschen an einem Tisch, ein älteres schwäbisches Ehepaar, die Konversation der Annäherung beim Essen mit den Leuten aus der anderen Welt fällt ihm schwer, er spürt das Mißtrauen gegen das Sächsische. Sie machen uns alle zu kleinen Ulbrichts. Als er andeutet, er werde demnächst seine Cousine in Solingen besuchen dürfen, sagt der Mann: »Na, sehn Sie, es wird doch besser im Osten.« Sie schrecken ihn ab mit ihren naiven Sätzen, trotzdem versucht er es weiter. Er habe Geld gespart, und das wolle er, wenn er bei der Cousine sei, gern im Westen haben, um reisen zu können, er wolle ja nicht um jeden Zwanzigmarkschein betteln, wenn er zum Beispiel den Rhein sehen wolle. Der Schwabe spricht, je mehr er trinkt, immer selbstgefälliger und verliert sich in langen Sätzen über das Ostgeld, das nichts wert sei, bis Gompitz flüsternd sagen kann: »Es ist aber Westgeld.« Das will der Mensch nicht begreifen und redet, zufrieden mit der Welt, wie sie ist, bald nur noch über das gute Bier in der Tschechei. Paul gelingt es nicht, das Gespräch auf seine Wünsche zu lenken, die beiden verstehen nicht einmal, daß er eigene Wünsche haben könnte. Nach weiteren zwei Tagen Wanderschaft, ohne einen Westdeutschen gesichtet zu haben, muß er sich gestehen, auf den falschen Weg zu setzen. Wenn du dich zu sehr an

Ulbrichts
→ Seite 218

Seume hältst, wirst du nie nach Westen, nie nach Syrakus kommen!

Er will offensiver werden, mitten in Prag. Dort gibt es manchmal Razzien gegen die Geldwechsler, das Geld braucht ein gutes Versteck. In der Nähe des Hauses, wo Paul, wenn er in Prag ist, Quartier nimmt, Bett und Frühstück für ein paar Mark, liegt eine kleine Grünanlage, daneben ein Hohlweg. In der Abenddämmerung zieht er seinen Löffel aus der Tasche und versucht dort zu graben. Er stößt auf Ziegelstücke, der Löffel verbiegt sich, im Bauschutt kann man kein Depot anlegen. Er zieht weiter zu einem verlassenen Kinderspielplatz, setzt sich auf eine Bank, auf den rechten Außenplatz, läßt den Arm herunterhängen und schneidet neben dem Betonpfeiler mit dem Taschenmesser erst ein Stück der Grasnarbe ab, schält mit dem Löffel die Erde weg bis in die Tiefe von einem halben Ellenbogen, versenkt das mit Heftpflaster zusammengeklebte Geldbündel, schiebt die Erde darüber und drückt das Rasenstück drauf. In den Häusern gegenüber ist Licht, doch er ist sicher, nicht beobachtet zu werden. Daß der Spielplatz einmal erneuert, die Bänke in absehbarer Zeit ersetzt werden, muß man im Sozialismus nicht befürchten. Er reibt den Dreck von den Fingern, geht in die nächste Kneipe, bestellt ein Bier, wäscht auf der Toilette die Hände, trinkt das Bier und denkt sich neue Tricks der Annäherung aus.

Am nächsten Morgen lauert er auf dem Wenzelsplatz westdeutschen Touristen auf. Reisegruppen scheiden aus, er probiert es zuerst bei einem jungen Paar mit der höflichen Frage: »Prosím vás, k'nádraží?« Das heißt: Entschuldigen Sie bitte, wo geht es zum Bahnhof? Der Mann sagt: »Ich verstehe nicht, wir sind Deutsche, Ausländer.« Gompitz: »Oh, das ist ja schön, Deutsche in Prag! Ich bin auch Deutscher, aus der DDR, Rostock.« Und mit den Fragen nach dem Woher und Wohin sucht er den Kontakt in die Länge zu ziehen, bis er, ohne allzu aufdringlich zu wirken, die Brücke hat für eine Einladung auf eine Tasse Kaffee. Der erste Versuch scheitert nach drei, der zweite nach einer, der dritte nach fünf, der vierte nach sieben Minuten. Die Leute wollen nicht angequatscht sein, und wen man anspricht mit Landsmann, der zuckt gleich zusammen.

Unter denen, die nach Lust, Laune und Geld jederzeit nach Osten reisen können, nach Italien sowieso, trifft er, nachdem er zwanzigmal »Prosím vás, k'nádraží?« gefragt hat, einmal am Tag vielleicht einen, der den Wunsch versteht, daß ein DDR-Bürger mal nach Westen reisen will, legal, mit Paß, zu Verwandten, mit ein bißchen Geld. Aber wer dich versteht, lernt Paul nach einigen Tagen, hat auch Angst vor der Polizei, vor einer Straftat, oder hält dich für einen Provokateur. Eingesperrt werden für einen Fremden? Einen Sachsen? Wer sich in der DDR auskennt, wird noch schneller mißtrauisch, ein Sachse aus Rostock? Vielleicht geht es besser, wenn man als Opfer des Systems auftritt.

Einen Coburger Bibliothekar fängt er mit der neuen Variante: »Wenn ich meine Geldsache erledigt habe, werd ich einen Ausreiseantrag stellen, aber ich komme aus der DDR nur mit leeren Taschen raus, deshalb hab ich meinen Besitz verscherbelt und zu Valuta gemacht, damit ich im Westen nicht völlig arm dastehe. Ich gebe Ihnen ein zinsloses Darlehen, das ich, wenn ich bei meiner Cousine bin, innerhalb von sechs Wochen bei Ihnen kündigen kann, Sie geben mir das schriftlich, und ich stecke Ihnen morgen die 4000 DM zu.«

Der Bibliothekar braucht einen halben Nachmittag, bis er alles versteht. Sie verabreden ein Treffen für den nächsten Abend. Paul gräbt das Geld aus und wartet drei Stunden auf den Mann. Am Ende freut er sich, nicht verhaftet worden zu sein. Das Bündel nimmt er mit in die Pension, bleibt aus Angst um das Geld den nächsten Tag im Zimmer, trägt es abends zurück zum Kinderspielplatz und versteckt es an der alten Stelle unter Erde und Rasen.

Am nächsten Morgen fährt er nach Dresden, dann nach Rostock zurück. Er berichtet Helga, was er ihr telefonisch bereits gemeldet hat, daß alles gut gelaufen sei, nun brauche er an der Grenze keine Angst vor der Stasi mehr zu haben. Ausführlich beschreibt er seine Wanderungen. »Bis Znaim, fast bis an die österreichische Grenze bin ich gekommen«, sagt er stolz. Sie fragt kaum nach. Sie weiß, daß er ohnehin bald wieder fort sein wird.

5

– *Warum läßt Helga sich das bieten? Könnte die Geschichte nicht einmal aus ihrer Sicht erzählt werden?*
– *Nein, sie will nicht wissen, was sie nicht weiß. Sie vermutet, daß er andern Frauen nachsteigt, aber sie will sich über ihn nicht mehr aufregen.*

Mitte Mai begrüßt Paul die Segler in Gager, rüstet sein Boot auf und läßt sich mit dem Wind durch den Sommer treiben. Vom Darß bis zum Mönchgut überprüft er alle Gewässer und Schmalküsten mit der verbotenen Frage im Kopf: Wo geht's hier raus? Was er auf der Karte studiert hat, bestätigt sich nun: Nirgends eine Möglichkeit, die Jolle vom Binnengewässer über Straßen und Dünen in die See zu zerren. Er konzentriert sich auf Hiddensee, bei jedem Wetter hißt er die Segel, kentert mal mit mehr, mal mit weniger Absicht, läßt das Boot vertreiben und fängt es wieder ein, er segelt so hart er kann.

Wenn es die Südroute wird, überlegt er, muß ich wissen, wie es mit der Bewachung auf der Halbinsel Bock aussieht, und läßt sich an einem ganz normalen Nachmittag von einem starken Ostwind mit herrlicher Fahrt an das Sperrgebiet herantreiben. Kein Grenzposten scheint ihn zu bemerken. Erst als er um die Südküste des Bock herum zur Barther Zufahrt hinsegelt, schicken sie ihm ein Boot nach, nehmen ihn fest, untersuchen die Jolle, sie finden nichts Verdächtiges und verhören ihn eine Stunde: »Wer sind Sie? Was wollen Sie? Wo wollen Sie hin?« Er entschuldigt alles mit Ortsunkenntnis und einem Versehen, sie lassen ihn laufen. Er freut sich, eine Lücke entdeckt zu haben, und ärgert sich gleichzeitig: Jetzt sind sie durch deinen Vorstoß auf den einzig sicheren Ausweg gekommen, den ein Flüchtling dort finden könnte, womöglich werden sie jetzt einen Knüppeldamm dahin bauen.

Also doch die Nordroute, nach den Karten ist der nördliche Kurs ohnehin der bessere, der Prielweg zwischen den Landzungen Bessin auf Hiddensee und Bug auf Rügen. Das Wasser ist flach, vielleicht zu flach, es gibt keine Informationen, keine Chance, mit dem Boot auch nur in die Nähe zu kommen, alles Sperrgebiet und Vogelschutzgebiet. Eines Nachts macht Paul von Kloster aus einen Spaziergang zur Halbinsel Bessin, geht mit hochgekrempelten Hosenbeinen am Strand entlang durch das gesperrte Gebiet, läuft drei oder vier Kilometer durchs Wasser und stellt fest: Der Priel ist so tief, daß du hier segeln kannst, der Weg ist gängig, hier könntest du es packen.

Am nächsten Mittag, er liegt am Strand kurz vor dem Schild »Sperrgebiet«, hechelt wenige Meter vor ihm ein Offizier vorbei, begleitet von einem Matrosen, der ein Motorrad durch den Sand schiebt und eine Kalaschnikov geschultert hat, hinein ins Sperrgebiet. Sie sind auf deinen Spuren! Also muß dich in der Nacht einer beobachtet haben! Wenn die einen einzelnen Mann mit hellem Mantel dort sehen, dann wird eine Jolle erst recht entdeckt. Wieder ein Grund, die Segel dunkel zu färben.

Mit einem normalen weißen Segel ist die Flucht nicht zu gewinnen. Paul hat zu Hause im Keller ein Großsegel liegen, das er, um an der Küste nicht als Segelkäufer aufzufallen, in Berlin besorgt hat, und eine zweite Kreuzfock, dazu zwölf Beutel Textilfarbe Dunkelblau und Grau aus verschiedenen Drogerien. Die Prozedur des Färbens ist nur im Hochsommer möglich, wenn es warm genug ist, den Stoff an einem Tag auf dem Dachboden zu trocknen.

Der Juli wird heiß, Helga wundert sich, daß Paul ein paar Tage auftaucht. Nachdem sie aus dem Haus ist, läßt er die Badewanne mit heißem Wasser vollaufen, schüttet die Farbe dazu, holt die Segel aus dem Keller und tunkt sie ein. Nach der vorgeschriebenen Wartezeit von einer Stunde ist das Tuch zwar nicht mehr leuchtend weiß, aber immer noch weiß. Er läßt die Farbe noch zwei Stunden einwirken, aber es hilft nicht, die Segel nehmen nur einen hellblauen Schimmer an. Er trägt das nasse Tuch auf den Dachboden, in einer Plastikwanne und abgedeckt, kein Hausbewohner darf Verdacht schöpfen. Die Bodenkammer hat er mit Zeitungspapier ausgelegt, um die grüne Auslegeware nicht zu beflecken. Nun breitet er die Segel aus, die ihn nach Dänemark tragen sollen, wie gebrochene Flügel liegen sie da, die Buchstaben DDR und die drei Ziffern leuchten höhnisch schwarz aus dem verfluchten Weiß. Paul betet zur Sonne, daß wenigstens sie ihn nicht im Stich läßt und für schnelles Trocknen unter der heißen Dachpappe sorgt, während er, dem Weinen nah, das dunkelblaue Wasser abläßt, die Badewanne schrubbt und das Bad von allen Spritzern und Flecken reinigt. Bis Helga kommt, hat er Zeit genug, das Tuch einzurollen, in den Seesack zu verstauen und das Zeitungspapier wegzuräumen.

Enttäuscht kehrt er nach Rügen zurück. Mit einem hellen Segel ist die Flucht unmöglich, das reflektiert jeden Lichtschein, jede Boje. Ein Leinensegel, das sich besser färben ließe, ist in der ganzen DDR nicht zu kriegen. Nach einigen Tagen hat er eine neue Idee, aber er wartet drei Wochen, um Helga nicht durch Hektik aufzufallen.

An der Küste kommen die Leute leichter auf den Gedanken, daß man mit einem dunklen Segel vielleicht flüchten will, darum sucht er lieber in Dresden eine Drogerie auf als in Rostock oder Stralsund. »Ich brauch mal einen guten Rat«, sagt er zu einer jungen Verkäuferin, »ich bin Bandleader, und wir haben für unsere Band so ein altes Segel bekommen, aus Kunststoff, Polyester, und wir müssen das unbedingt blau haben, wir wollen das wie einen Baldachin aufspannen, und da wollen wir goldene Sterne draufnähen, also das muß so dunkel wie möglich sein, sonst sieht man die Sterne ja nicht. Ich hab es schon mal gefärbt mit dieser Textilfarbe, aber der Kunststoff hat die Farbe nicht angenommen, was soll ich jetzt machen?«

»Ganz einfach«, meint die Verkäuferin, »Sie müssen Essigessenz in Ihr Färbebad gießen«, nennt ihm das Mischungsverhältnis eins zu eins und hat sogar genug Textilfarbe Dunkelblau und Grau im Regal.

Zu Hause wiederholt er an einem heißen Tag die Färbeprozedur. Badewanne voll Wasser, Farbpulver und Essig rein, die Segel werden dunkelblau. Allerdings klebt die Farbe mehr an den Fingern und an der Wanne als am Segel. Die Essigessenz rauht den Stoff an, die Farbe bleibt am angerauhten Stoff haften, ohne richtig in das Gewebe einzuziehen. Aber das ist besser als nichts. Er steckt das tropfnasse, schmierige Großsegel in die Plastikwanne, deckt ein Tuch darüber, prüft, ob wirklich kein Mensch im Treppenhaus ist, und schleppt die schwere Wanne in die Dachkammer hinauf, die noch dicker als beim ersten Versuch mit Zeitungspapier ausgelegt ist. Er muß das Segel ausbreiten und dabei so wenig wie möglich berühren, um ihm die Farbe nicht zu stehlen. Dann trägt er die Fock nach oben, in der drei mal vier Meter großen Kammer ist es zu eng für zwei Segel, aber die kochende Hitze unter dem Pappdach hilft ihm. Zwei Stunden hat er zu tun, um die Tropfen auf der Treppe wegzuwischen und die verschmierte Badewanne, die Plastikwanne, die Hände und alles wieder zu säubern. Am Nachmittag sind die Segel trocken, er rollt sie zusammen und verstaut sie im Segelsack, fluchend, weil sie auch im trockenen Zustand die Finger blau färben. Als er das feuchte und eingefärbte Zeitungspapier zusammenräumt, entdeckt er an einer Stelle mehrere blaue Flecken auf dem lindgrünen Filz. Der Schrecken, das Klopfen im Hals: Jetzt kommt es raus, jetzt hast du dich verraten! Mit heißem Wasser und Bürste vom Bad auf den Boden, aber alles Wischen nützt nichts. Es ist 16 Uhr, in einer Stunde steht Helga in der Tür. Wie erklärst du ihr diese blauen Flecken? Was machen? Was machen? Paul besinnt sich nicht lange, läuft, nachdem er alle anderen Spuren auf dem Dachboden verwischt hat, in die Kaufhalle, den Weg von fünfzehn schafft er in zehn Minuten, kauft das erstbeste Paar Jeans, ohne es anzuprobieren, eilt nach Hause, wirft die Jeans in die Wanne, trägt sie auf den Boden und hängt sie auf die Leine über die blauen Flecken.

Helga kommt am folgenden Tag mit der Wäsche auf den Dachboden, entdeckt die Jeans und schimpft wie erwartet: Die schöne Auslegeware verdorben, und warum er die Jeans bei der Sonne nicht draußen aufgehängt habe, warum er sich nicht mal die richtige Größe kaufe, ob er seinen Kopf nur noch beim Segeln habe! Er gibt es zu, sagt, die Jeans hätten einlaufen sollen, nennt sich dumm und freut sich, die Panne mit einem glücklichen Einfall gemeistert zu haben. Was ist die Entrüstung über die Flecken auf der Auslegeware gegen das Ergebnis! Helga hegt kein Mißtrauen, das Segel ist blaugrau, die Reise gerettet, Syrakus wieder ein kleines Stück näher.

Der heiße Sommer 1983 vergeht auf der Jolle rasch. Es ist nicht leicht, auf Hiddensee einen Liegeplatz für das Boot zu kriegen, aber ihm gelingt auch das, ein stiller Hafen in Neuendorf in der Mitte der Insel, ideal für die Flucht. Das Geld wird knapp, also verkauft er eine Biedermeierkommode. In Prag, bei einem Besuch im Herbst, findet er das Geldversteck unberührt und streunt eine Woche auf dem Wenzelsplatz herum mit der Frage » K'nádraží?« Erfolg hat er allein bei zwei jungen Mädchen aus Regensburg, für die es schon ein Abenteuer ist, mit einem Mann aus dem »Ostblock« zu flirten. »Ich bin aus keinem Ostblock«, sagt er, »ich bin euer Landsmann.« Sie kichern. »Rostock reimt sich auf Ostblock, aber Rostock

Biedermeierkommode
→ Seite 218

ist nicht Ostblock.« Sie wären vielleicht bereit, aber sie sind zu naiv, bei einem Verhör an der Grenze werden sie in fünf Minuten alles ausplappern. Er gräbt das Bündel nicht aus und verläßt Prag ratlos wie im Frühjahr.

Im Winter bewirtschaftet er die Gaststätte des Hauptbahnhofs Rostock, Nachtschicht. Eine ruhige Arbeit, nur wenige lästige Säufer, Gompitz hat Zeit, die Bilanz seiner ersten beiden Planjahre zu ziehen. Das Mittel: das Boot, in Ordnung. Liegeplatz: gut. Segelkenntnisse: ebenfalls. Die Route: Hiddensee Nord, weiter prüfen. Tarnsegel: in Ordnung. Geld: alles vergeblich, weiter versuchen. Irgendwas, überlegt er, mußt du noch für deine Sicherheit tun, falls sie dich schnappen. Planziele 1984 also: Geld, Sicherheit. Die einzige Unbekannte: Radar. Was tun gegen die große Drohung: Die haben die Wunderwaffe Radar, denen entkommst du nicht, die sind unbesiegbar?

6

– *Wird Gompitz von Mitarbeitern der Staatssicherheit beobachtet?*
– *Wer will das wissen?*

Spitzeln, wenn es sie gäbe, müßte auffallen, daß Gompitz in den ersten Monaten des Jahres 1984 zu verschiedenen Tageszeiten Buchhandlungen betritt, dort in den militärtechnischen Abteilungen bestimmte Bücher heraussucht, zehn bis fünfzehn Minuten darin liest, aber niemals einen der Titel kauft, die ihn so stark interessieren. Er schlendert weiter zu den Kunstbüchern und zur Literatur, verweilt dort mindestens ebensolange und verläßt mit einem Reclamband den Laden. Es müßte auffallen, daß ein Kellner sich auf verstohlene Weise mit Radartechnik beschäftigt und sich konspirativ verhält in der Absicht, keinen Verdacht zu erregen. Es müßte auffallen, daß einer weiß: In Bibliotheken wird registriert, wer Militärbücher leiht, in Buchhandlungen, wer sie kauft.

So studiert er im Stehen die Radartechnik, liest nach und nach ganze Kapitel. Radarstrahlen brauchen, um zu reflektieren, eine gerade Fläche, bei runden Flächen ist die Reflexion geringer. Aber die Frage, ob eine Jolle rund genug ist, wird von den Militärtechnikern nicht beantwortet. Die meisten Bücher sind aus dem Russischen übersetzt, Kriegstechnik aus dem Zweiten Weltkrieg, dem Laien Gompitz kommt alles ziemlich veraltet vor, und doch versucht er, alles über passive Radartarnung zu lernen. Was eine Mauer ist, weiß man, was Stacheldraht, Schießbefehl, Minen, das kann man ausrechnen, aber wie Radar bei kleinen Booten funktioniert, bleibt ein Staatsgeheimnis. Er muß alles daransetzen, Seeleute auszufragen. Allein aus diesem Grund entschließt er sich, im Sommer wieder bei der Weißen Flotte anzuheuern.

Ehe die Saison beginnt, reist er nach Prag zu seinem Valutadepot. Das Geld liegt nun ein Jahr in der Erde, der Spielplatz ist unverändert trostlos. Hier kann dein Geld noch tausend Jahre liegen! Aber es muß weg, nach Westen.

Nach zwei Tagen erfolgloser Animierkunst muß er sich eingestehen, daß er die Westdeutschen zu hassen beginnt. Deine Landsleute sind deine Landsleute nicht, warum wollen sie dich nicht verstehen? Warum wenden sie sich so angewidert ab, wenn sie dein Sächsisch hören? Was haben sie im Kopf, wenn sie über die Karlsbrücke latschen und auf den Hradschin steigen? Wissen sie was von den Panzern, die hier unsere Hoffnungen zermalmt haben? Warum findest du nicht einen Menschen, der dir vertraut und dem du vertraust? Wie lange hältst du das aus, dich immer wieder ranzuschmieren und die Nutte zu spielen, damit du die paar Lire kriegst für Italien?

Hradschin Burg und Stadtteil in Prag

Am vierten Tag gelingt es, bei zwei jungen Männern die Brücke von der Frage nach dem Bahnhof über Kaffee und Bier zur DDR zu schlagen. Sie sind Studenten aus Karlsruhe, Sozialarbeit und Informatik, er findet ihren badischen Dialekt so lustig wie sie seinen sächsischen, das macht die Gespräche nach dem Woher und Wohin einfacher. Sie wissen einiges über die DDR und die ČSSR, sie sind sehr kritisch gegenüber dem Westen. Der kleinere, Thomas, hat einen gelähmten Arm, für den er die kapitalistische Pharmaindustrie verantwortlich macht. Sie loben die DDR, weil es keine Arbeitslosigkeit gibt. Paul hält die Kritik an seinem Staat zurück, er will es trotzdem mit den beiden versuchen. Da sie am nächsten Morgen wieder abreisen müssen, bleiben ihm zwei Stunden, seine Lage und Wünsche verständlich zu machen. Daß einer aus Rostock mehrmals davon spricht, seine Cousine in Solingen besuchen zu wollen, gefällt den beiden nicht, das scheint ihnen schon fast ein Verrat an der DDR. Am Ende des Abends fällt

Paul ein, die beiden einzuladen, ihn zu besuchen, doch mit seinem Geld erreicht er nichts. Man tauscht die Adressen und scheidet in Freundschaft.

Helga spricht ihn auf seine Unruhe an. »Ich bin nicht unruhig«, sagt er und begründet seine Reisen nach Prag mit dem Wunsch, die DDR so oft wie möglich von außen zu sehen. Eine gemeinsame Urlaubsreise nach Ungarn fällt aus, weil man ihr das Visum erteilt, ihm aber nicht. Alle Wut und Unrast schiebt er auf die Behörden. Sie ist erleichtert, als er den alten Arbeitstakt wieder aufnimmt, Anfang Mai in die Saison fährt und zur Ordnung des Geldverdienens findet.

Er wird Buffetier auf der »Erich Weinert«, Heimathafen Lauterbach auf Rügen. Regelmäßig besucht Helga ihn auf der Insel, er sie in Rostock. Sie steigt nicht mit in die Jolle. Alle Gedanken, ihr seine Pläne zu verraten, kämpft er nieder. Es wäre das Ende, sagt er sich, ich muß doppelt nett und aufmerksam und ruhig sein, damit sie nicht mißtrauisch wird. Er serviert ihr das Frühstück ans Bett, liebt sie nach Kräften und spart nicht an kleinen Aufmerksamkeiten.

»Erich Weinert«
→ Seite 218

Das Schiff fährt zwischen Lauterbach und Wieck durch den Greifswalder Bodden, schippert durch den Strelasund zu kurzen Ausflügen. Die großen Touren nach Binz und um Rügen herum hat man abgesagt, angeblich wegen Treibstoffmangels. Dem Land geht es schlecht, auf dem Schiff fehlen Fleisch, Rotkäppchensekt und manchmal sogar Wodka. Paul fühlt sich zwischen den Seeleuten wohler denn je. Die andern haben zwar mehr zu erzählen, aber er baut sein Abenteuer schon im Kopf zusammen und tüftelt an den Einzelheiten. Eines Tages, tröstet er sich, werde ich die beste Geschichte zu erzählen haben, dann werdet ihr aber Ohren machen! Er versucht, den Offizieren und dem Kapitän ein guter Kumpel zu werden, um mehr über Radar zu erfahren. Aber es ist ihnen nicht nur verboten, darüber zu reden, sie haben auch keine Lust dazu.

Strelasund
Meeresstraße zwischen der Küste bei Stralsund und Rügen

An einem Abend im August wird das Schiff zu einer Extratour eingesetzt, zwei Schulklassen, die ihre Schießübungen als FDJler absolviert haben, müssen von Lauterbach nach Wieck gebracht werden. Zu verdienen gibt es nichts für Gompitz und seine Kollegen. Die Schüler, verladen wie eine kleine Armee, tun ihm leid, zerschlagen und hundemüde, mit Uniform und Koppel als Soldaten hergerichtet, willenlose Untertanen. In der Nacht fährt man nach Lauterbach zurück, damit das Schiff am Morgen wieder zu den Rundfahrten starten kann.

Die nächtliche Tour ohne Fahrgäste über den Bodden versetzt die Besatzung in lockere Stimmung. Paul erkennt seine Chance, geht mit Kaffee, Tee und Schnapstablett hinauf zum Kapitän auf die Brücke, in den Steuerraum, den er sonst nicht betreten darf, kredenzt ihm seine Lieblingsgetränke und verwickelt ihn in eine harmlose Plauderei. Die See ist etwas unruhig, Windstärke vier. Bald steht er neben dem Radarschirm und fragt wie von ungefähr:

»Kann ich da mal reingucken? Ich hab noch nie in so ein Ding geguckt.«

»Na ja, gucken Sie mal rein!«

Er sieht, wie die Küstenlinie sich ganz vage abzeichnet, sonst nur Geflacker wie Schneeregen und einzelne, ganz helle Punkte.

»Käptn, hier sieht man ja kaum was drauf, nur Grisseln und helle Punkte.«

»Na ja, das Grisseln, das sind die Wellen, die Wellenkämme, und das Helle, das sind die Radarreflektoren von den Reusen.«

»Warum sind die so hell?«

»Ist doch klar, sonst kann ich die Reusen nicht sehen. Die Stäbe, die da rausgucken, haben so kleine Blechkreuze drauf, die sind mehrfach angewinkelt, damit der Radarstrahl immer gerade drauffällt.«

»Und Fischerboote und so was, die sehen Sie hier wohl gar nicht?«

»Nee, ohne Reflektoren sind die aufgeschmissen, wenn sie mich kreuzen, höchstens bei Nebel, mit der Naheinstellung, dann seh ich sogar die Möwen.«

Nun weiß er: Damit kriegen sie mich nicht! Endlich weicht die Furcht, von der überlegenen Technik erwischt zu werden.

Die Saison geht vorüber, Paul segelt noch zwei Wochen durch die Hiddenseegewässer, segelt gegen den Regen und Windstärke sieben, segelt gegen die Flauten und macht die Jolle winterfest.

Die größte Sorge bleibt das Geld. Auf der Herbsttour in der Goldenen Stadt mag er nicht mehr zählen, wie oft er scheitert mit den unzüchtigen Anträgen »K'nádraží?« Er gibt sich Mühe, sein Sächsisch zu verstecken. Er zögert, wenn er Gesprächspartner gefunden hat, die Andeutung seines Wunsches so lange wie möglich hinaus. Es hilft nichts, die Westdeutschen bleiben auf Distanz. Er ist es ein für allemal leid, die Leute anzuwinseln. Hoffnung läßt sich allein auf die beiden Studenten richten, er schreibt ihnen eine Ansichtskarte mit der Karlsbrücke.

Eines Abends gräbt er das Bündel aus, trägt es in die Pension, verschließt die Tür, prüft die Heftpflasterstreifen, sie scheinen dicht, sie scheinen undicht, er hat Pflaster und Kerzen dabei, öffnet das Bündel, zählt die Scheine, obwohl er weiß, daß keiner fehlen kann, es sind immer noch vierzig. Drei legt er zur Seite, die anderen wachst er neu ein, steckt sie in die Tüte und verklebt alles so fest wie möglich. Still stößt er seine Flüche aus. Er ist ein reicher Mann, der Gefangene seines Geldes. Mit diesem Vermögen kann er einen Monat lang der König von Prag sein, das beste Hotel, die schönsten Frauen, ein paar Kumpane und lustige Tage, und den Traum von

Syrakus mit einer großen Prager Orgie begraben. Er sieht sich geschlagen von seinem Schatz, gefesselt von seinen Valuta, verhöhnt von seinen Plänen. Wenn du alles geregelt hast und lossegeln kannst, dann hält dich das Westgeld hier im Osten fest! Er will nicht an die Preissteigerungen in der Bundesrepublik denken, die Zinsen, die ihm entgehen, und sieht doch die viertausend Mark in der Erde dahinschmelzen. Der Anblick der Scheine zaubert keine Lösung herbei, und am nächsten Abend gräbt er das Bündel wieder ein.

Da er das Gefühl hat, einen völlig anderen Weg finden zu müssen, schafft er erst einmal 300 DM in der Gesäßtasche in die DDR zurück. Es ist kein großes Risiko, Bürger der DDR, die zurückkehren, werden nicht durchsucht, höchstens einmal große Reisetaschen und Koffer. Er weiß nun, daß sie es nur bei der Ausreise auf ihn abgesehen haben, nicht aber bei der Einreise. Das ganze Geld ließe sich also relativ gefahrlos nach und nach zurückbringen.

Mit einem Brief aus Rostock setzt er den Karlsruhern nach: »Erinnert Ihr Euch an meine Einladung? Besucht doch mal unsere schöne DDR! Wenn Ihr im März oder im Oktober kommt, habe ich viel Zeit, dann zeige ich Euch gern das Land, alles, was Euch interessiert.« Bis zum Oktober sind es noch fast zwölf Monate. Und ob die beiden das Geld einstecken, bleibt ungewiß.

Sein Reichtum wächst, aber jeden Tag blockiert ihn die Frage: Wie kommen die Valuta durch die Mauer? Dank einiger Gäste aus dem Westen und zwei Umtauschaktionen hat er weitere 1000 DM beisammen und in einem neuen Depot bei Warnemünde angelegt. Zu Hause, hinter den Büchern über die Hugenotten und die Brandenburgischen Kurfürsten, liegen mehr als zweihundert Westmark, außerdem die drei Scheine aus Prag. Er hält sich an das Prinzip, nichts auszugeben, alles zu sparen für die Italienreise.

Oft hat er überlegt, was ihm geschehen könnte im Fall des Scheiterns. Trotz aller Sorgfalt muß er damit rechnen, daß das Mißlingen des Grenzdurchbruchs wahrscheinlicher ist als das Gelingen. Wie kann man für das Schlimmste gerüstet sein und gegen die Behörden gewappnet, wie kann man verhindern, völlig abgeschnitten von der Welt vielleicht für Jahre in einem Stasiknast zu verkümmern? Die DDR ist auf internationales Ansehen bedacht, krasse Willkürmaßnahmen sollen nicht an die Öffentlichkeit kommen, folglich ist der geschützt, der eine Stimme im Westen hat. Warum also nicht gleich das Gesamtdeutsche Ministerium in Bonn? Die Anschrift kennt er aus dem Deutschlandfunk. Aber wie stellt man die Brücke her, daß sie ein Schutz wird und keine Falle? Paul entwickelt die Idee, unmittelbar vor der entscheidenden Nacht, in der es hinausgehen soll auf See ins Ungewisse, Briefe nach Westen zu schicken. Natürlich nicht direkt an das Ministerium in Bonn, solche Briefe landen nur bei der Staatssicherheit, man muß einen unauffälligen Umweg wählen, am besten völlig unbekannte westdeutsche Bürger anschreiben.

Im November schleppen die alten Leute ihre Weihnachtspakete zur Post, Paul reiht sich mit einem Päckchen unter dem Arm in die Schlange vor der Paketannahme. Im Stehen, Warten und Vorrücken versucht er die Anschrift auf dem Paket zu entziffern, das eine Rentnerin vor ihm aufgeben will. Er merkt sich Vornamen, Namen, Straße, Hausnummer, Postleitzahl und den Ort Aachen, bleibt noch ein paar Minuten stehen, prüft sein Gedächtnis, murmelt »Das dauert mir heute zu lange!« zu dem Mann hinter ihm, verläßt die Post und notiert zu Hause die Adresse. Auf diese Weise sammelt er in den folgenden Tagen vier weitere Adressen aus Nürnberg, Bad Kissingen, Lüneburg und Wiefelstede und schreibt den Text für die Sicherheitsbriefe in sein Gedächtnis, kein Wort auf Papier:

»Lieber deutscher Landsmann! Heute nacht werde ich mit meiner Segeljolle versuchen, aus der DDR über die offene Ostsee zu entkommen. Sollten Sie diesen Brief erhalten, so schicken Sie ihn bitte als dringenden Hilferuf an das Ministerium für Gesamtdeutsche Fragen in 5300 Bonn, Godesberger Allee 140. Behandeln Sie die Sache bitte dringlich, Sie ersparen mir vielleicht viele Jahre verzweiflungsvoller Haftzeit in den Kerkern des SED-Regimes.

Hochachtungsvoll, Paul Gompitz. P.S. Ihre Adresse habe ich auf der Post von einem Ihrer Verwandten abgeschrieben, weil ich keine andere Möglichkeit sah, einen Briefkontakt in die BRD herzustellen.«

7

– *Wenn er in allem so hartnäckig und sorgfältig ist, warum gibt er dann den Plan mit dem Geldschmuggel aus Prag auf, obwohl er keinen besseren hat?*
– *Intuition darf man ihm zutrauen. Er fährt jedenfalls weiter zweimal im Jahr nach Prag und leert sein Depot.*

Wenn du im Westen bist und Arbeit suchst, sagt sich Gompitz, mußt du entsprechend ausgestattet sein. Kannst nicht gleich viel Geld ausgeben für die einfachsten Sachen, die du zum Leben brauchst. In einen Koffer packt er drei Sätze Unterwäsche ein, zwei Hemden, Hose, Jacke, Pullover, Kellnerfrack, weißes Hemd, schwarze Schuhe, Necessaire. Einen Umschlag dazu mit Geburtsurkunde, Zeugnissen und 300 DM für den Anfang und 299 Mark der DDR für die Rückkehr. Den Fluchtkoffer, wie er ihn nennt, verklebt er ähnlich wie das Geldbündel mit einer Plastetüte und Heftpflaster, nimmt ihn in den ersten Maitagen mit aufs Boot und verbirgt ihn im verschließbaren Schapp.

Plastetüte **Plastiktüte**

Schapp **in der Seemannssprache »Schrank«, »Fach«**

Wieder schafft er es, bei der Weißen Flotte anzuheuern und auf dem Fährschiff Stralsund–Hiddensee die Bewirtschaftung zu übernehmen. So ist er nah am Liegeplatz der Jolle in Neuendorf und kann zwischendurch öfter zu einem Törn aufbrechen. Die Fähre ist der ideale Ort, die Stärke der Grenzposten auf und neben den Gewässern zwischen den Inseln und dem Festland zu beobachten. Er kauft sich in Stralsund ein Fernglas.

Einmal hilft er beim Servieren aus und bedient eine ältere Frau, die eine Pfingstkarte schreibt und umständlich in den Briefumschlag steckt. Sofort zuckt ihm eine Idee durch den Kopf. Bei nächster Gelegenheit besorgt er sich im Papiergeschäft eine ähnliche Karte, eine dicke Doppelkarte mit einem

Blümchenmotiv und der Zierschrift »Frohe Pfingsten«, steckt fünf Hundertmarkscheine dazwischen, klebt die Scheine, leicht versetzt, damit kein fünffacher Metallstreifen auffällt, mit durchsichtigem Klebeband an der Karte fest und schreibt dazu: »Liebe Cousine! Frohe Pfingsten wünscht Dir Dein Cousin. Wenn Du diesen Brief erhalten hast, schicke mir bitte eine Ansichtskarte mit einem kurzen Gruß.« Er schiebt die Doppelkarte ins Couvert, malt, damit es kindlich und harmlos aussieht, einen Pfingstochsen von ungelenker Hand darauf und schickt die Sendung nach Solingen ab.

Nach drei Wochen ist die Ansichtskarte in Rostock. »Lieber Paul, viele Grüße aus Solingen, Deine Hilde.« So geht es vielleicht, viele kleine Risiken sind besser als ein großes Risiko. Er überlegt: Nicht zu viele Sendungen dieser Art, das kann auffallen, aber auch nicht zu wenige, sie können uns erwischen. Er kauft neue Glückwunschkarten und schickt auf die erprobte Weise noch einmal fünf Hunderter über die Grenze. Im Bezirk Rostock allerdings gibt er diese Post nicht auf, sondern jede Karte mit fingiertem Absender von einem anderen Ort, denn er fürchtet, den Gerüchten aus Vorsicht glaubend, die Stasi könnte in der Lage sein, mit Computern die Anschriften der Leute im Westen ebenso wie die Absender aus der DDR zu speichern, und ihm so auf die Spur kommen.

Glücklich darüber, daß die ersten Hundertmarkscheine endlich im Westen landen, kann Paul sich wieder mehr auf das Segeln und den Fluchtweg konzentrieren. Wenn die Fähre den Hafen von Kloster ansteuert und er wenig zu tun hat, sucht er aus seiner Kabine im Unterschiff mit dem Fernglas durch das Bullauge die Ufer der Halbinsel Bessin ab, die er auf der Nordroute halb umfahren muß. Er will wissen, ob in diesem Teil des Sperrgebietes nur Seeschwalben, Möwen und Kormorane nisten oder auch mit Wachposten zu rechnen ist. Tatsächlich macht er dort zwei Gestalten mit Ferngläsern aus, aber es ist nicht zu erkennen, ob sie Grenzsoldaten oder Vogelschützer sind.

Allein die Möglichkeit, daß dort Leute auf der Lauer liegen, schreckt ihn so, daß er sich mit dem Gedanken anfreundet, lieber die Südroute zu wählen. Auch auf der anderen Seite, auf der zum Darß gehörenden Halbinsel Bock, der Südspitze Hiddensees gegenüber, können Posten im Naturschutzgebiet stehen, aber der Weg in die offene See ist kürzer, auch wenn die ganze Fluchtstrecke hinaus nach Dänemark viel länger ist.

Immer wieder studiert er die Karten und Routen, spielt die möglichen günstigen Wetterlagen durch und wirft mitten im Sommer 1985 seinen Plan um. Gegen die Nordroute sprechen die Posten, außerdem ist der Ausnahmewind viel zu selten, der erst aus Nordwest weht und die Jolle mit auslaufendem Wasser über die Sandbänke schiebt und dann Südwest rückdrehend dem Boot Fahrt geben soll. Für die Südroute genügt ein kräftiger Wind zwischen Nord und Ostnordost, der den Bodden mit Wasser füllt, die Jolle über die Sandbänke nach Süden treibt, so kann er nach dem Wendemanöver am Gellen, der Südspitze Hiddensees, bei Kurs Nord die Schwerter setzen und vorm Wind segeln, braucht, wenn er die Ausfahrt hinter sich hat, nur anzuluven und kann mit optimalem Wind in westliche Richtung segeln, bleibt aber bis in den hellen Morgen in den Territorialgewässern der DDR.

Mit dem Fluchtkoffer aus dem Schapp reist er im Herbst heim, wäscht und bügelt die Wäsche und steckt den Umschlag mit den Dokumenten und Geldscheinen in die Schreibtischschublade. Er bereitet sich für die Besucher aus dem Westen vor, steht viele Stunden nach besserem Alkohol, Gemüse und besserer Wurst an und freut sich auf die Studenten aus Karlsruhe, die, nach zwei freundlich mahnenden Briefen, ein Besuchervisum für die Bezirke Rostock, Neubrandenburg und Potsdam beantragt und erhalten haben. Mitte Oktober empfängt er Thomas und Stefan, führt sie durch die Kröpeliner Straße, zum Rathaus und zum Steintor und macht eine Hafenrundfahrt mit ihnen. Die beiden, die den Hamburger Hafen nicht kennen, sind begeistert von all den Schiffen, die im größten Hafen der DDR liegen. Sie loben am Essen den Preis und das Land, das seinen Bürgern für so wenig Geld so gute Rumpsteaks bietet.

Hauptmanns »Weber«
→ Seite 218

Zu dritt fahren sie mit Pauls Trabant nach Stralsund, von dort mit dem Schiff nach Hiddensee, Paul zeigt ihnen einen Tag lang seine Lieblingsplätze. Thomas und Stefan kennen Hauptmanns »Weber« als Schullektüre und schlurfen andächtig durch die Gedenkstätte. Am meisten gefällt ihnen, daß es im Sozialismus eine so wunderschöne Insel gibt. Sie sehen, denkt Paul, nur das Gute, die stinkenden Toiletten, die defekte Kanalisation, die Ruinen von Stralsund sehen sie nicht. Fast beneiden sie ihn darum, daß er in dieser einmaligen DDR lebt. Wenn er vorsichtig auf Mängel hinweist, sagen sie in ihrem badischen Dialekt die Sätze, die Paul nur auf Sächsisch und Berlinisch kennt: »Die äußeren Bedingungen schwierig, es wird schon, dafür ist das wichtigste Problem gelöst, die Arbeiterklasse regiert.« Paul widerspricht nur wenig und mit behutsamer Ironie. Er führt sie nach Güstrow in Barlachs Haus, und am vierten Tag versucht er, sein Problem darzulegen.

Güstrow Stadt südlich von Rostock
Barlachs Haus
→ Seite 218

»So wie ihr mich beneidet um Hiddensee, Rostock und Güstrow, so beneide ich euch um Hamburg, den Rhein und Trier. Ich liebe mein Mecklenburg und die Küste, ich könnte nicht leben ohne Brandenburg und Sachsen, aber ich möchte einmal gern eine Reise machen nach Westdeutschland, meine Cousine besuchen und vielleicht, das wäre mein Traum, Italien. Ich werde demnächst einen Antrag stellen, und damit ich bei euch im Westen nicht ganz arm dastehe, ich will ja nicht jeden Zwanzigmarkschein erbetteln, möchte ich mein Westgeld, das ich mir erspart habe, drüben haben.«

Er setzt viele Konjunktive, Einschränkungen und Fragen in seine kleine Rede. Nie hat er seine Absichten deutlicher ausgesprochen. Erst jetzt merkt er, wie schwer es ist, von den Westdeutschen richtig verstanden zu werden, die alles direkt und plump vom Standpunkt ihrer eigenen Betroffenheit beurteilen. Es ist nicht getan mit betonten Andeutungen, wie er sie in seiner Gesellschaft gewohnt ist, er muß eine neue Sprache gröberer Andeutungen wählen, die Westdeutsche verstehen, und überdies mit jeder Formulierung auf die rote Brille der beiden Rücksicht nehmen.

Stefan schüttelt den Kopf, Thomas flüstert: »Ich versteh dich ja, aber wir können doch der DDR keinen Schaden zufügen.« – »Aber ihr fügt doch der DDR keinen Schaden zu, es ist mein Geld, sauer verdient. Ihr helft nur mir, etwas von der Welt zu sehen.« Die Neugier auf ein zum Untergang verurteiltes System lassen sie noch weniger gelten, und als Paul seine persönlichen Wünsche andeutet, »Ich will selber mal mitreden können », sehen sie sogleich ihre Loyalität zur DDR und zum Sozialismus in Frage gestellt. Sie wollen nicht verstehen, daß er nur das eine will, was für sie selbstverständlich ist, reisen.

Die Tour geht weiter nach Waren an die Müritz, nach Rheinsberg zu Tucholsky und Fontane, schließlich nach Potsdam zum Alten Fritz, ohne daß Paul das Vertrauen der beiden Freunde findet. Das einzige, was er erreicht, ist das Versprechen einer schriftlichen Einladung nach Karlsruhe, die er im Amt vorlegen kann. Beim Abschied sagt er: »Irgendwann besuch ich euch, da könnt ihr Gift drauf nehmen!« Sie schämen sich nicht, ihn darin zu ermuntern. Lachend droht er: »Dann müßt ihr mir aber eure Gegend zeigen!«

Tucholsky → Seite 218
Fontane → Seite 219
Alten Fritz Friedrich II., genannt der Große

Allein auf die Pfingstochsen, Schneemänner und Blumensträuße auf den Glückwunschkarten kann er sich verlassen. Wieder gehen fünf Scheine, diesmal von einem Weihnachtsmann behütet, nach Solingen. Alles ist nun vorbereitet, der Fluchtweg klar, denkbare Hindernisse beseitigt, nur das Valutadepot auf dem Prager Kinderspielplatz muß nach und nach geräumt werden. Gompitz beschließt, im Winterhalbjahr zu arbeiten, um im Sommer unabhängiger zu sein und auf die Gelegenheit zum Grenzdurchbruch zu lauern. In der Mitropagaststätte des Hauptbahnhofs Rostock fällt nächtlichen Gästen ein Kellner mit ungewöhnlich guter Laune auf.

Mitropa Abk. für Mitteleuropäische Schlaf- und Speisewagen-Aktiengesellschaft

Immer wieder der Vorsatz: Riskier dein Leben nicht unnötig, wenn es legal geht, dann geh legal. Im Dezember bittet er die Cousine, eine Einladung nach Solingen zum Osterfest zu schicken. Mit ihrem Brief geht er Anfang Februar ins Rathaus und wünscht, von wenig Hoffnung begleitet, den Antrag auf eine Besuchsreise zu stellen. Ein junger Mensch weist ihn ab mit einem einzigen Argument: »Der Anlaß ist kein familiärer, Hochzeit, Beerdigung, 65. oder 70. oder 75. Geburtstag.« Damit kann Gompitz nicht dienen, die Cousine ist verheiratet, liegt nicht im Sterben, ist gerade 47. Sie müßte sich scheiden lassen und bald wieder heiraten, denkt er auf dem Heimweg, oder muß ich auf einen Autounfall hoffen oder einen Mörder? Man tut alles, um auf dem Boden der Gesetze zu bleiben, aber der Staat zwingt einen dazu, die Gesetze zu verletzen! Er ist entschlossen, nun erst recht den Weg über das Wasser zu nehmen und möglichst noch in diesem Jahr an einem Sommerabend kurz vor Mitternacht sich selbst den Befehl zu geben: Leinen los!

»Nein, Herr Gompitz, in diesem Jahr kommen Sie nicht mehr an Bord. Die Sicherheitsorgane haben Ihnen das Unbedenklichkeitszertifikat für 1986 nicht erteilt. Tut mir leid, da können wir nichts machen«, sagt die Handelsleiterin der Mitropabetriebe für die Weiße Flotte. Da nutzt kein Einspruch. Es muß aber überlegt werden: warum? Schöpfen die Verdacht? Hat dich jemand angeschwärzt? Wahrscheinlich der Kapitän des Fährschiffs im vorigen Jahr, vielleicht hat er gemeldet, daß du dich an die Seekarten gedrängelt und mit dem Fernglas in die Gegend geschaut hast.

Was für ein Staat! Das Land liegt in Agonie, nichts bewegt sich vor, nichts zurück, du darfst nicht mal ein Fernglas anfassen, schon eiern sie rum mit ihrem Unbedenklichkeitszertifikat und lassen einen kleinen Buffetier nicht mehr auf die Fähre!

Die Absage selbst stört ihn weniger. Mit der Nachtversorgung im Rostocker Bahnhof hat er so viel verdient, daß er im Sommer nicht unbedingt arbeiten muß. Die Ablehnung des Besuchervisums, die Ablehnung bei der Weißen Flotte, alles treibt ihn, endlich das Land zu verlassen.

8

- *Er imponiert mir schon, dieser Gompitz. Aber es kann doch nicht sein, daß er Tag und Nacht an nichts anderes als an seinen großen Plan denkt.*
- *Doch, außer seiner Reise beschäftigt ihn nichts.*

Er versucht sein Glück auf Hiddensee. Horst, ein alter Bekannter, leitet auf der Nordspitze, auf dem Dornbusch, ein Betriebsferienheim mit einer Gaststätte »Zum Klausener«, wo im Vorgarten ein leerer Verkaufskiosk steht – dicht am schönsten Aussichtspunkt der Insel. Paul macht Horst einen Vorschlag. »Wenn ihr eure beiden Ruhetage habt alle zwei Wochen, dann könnte man doch diesen Kiosk öffnen, das wär was für mich, und du wirst mein Chef.« Horst stimmt zu, und Paul, alle vierzehn Tage fröhlich Bier, Bockwurst, Brause, Kekse verkaufend, erhandelt sich drei Vorteile auf einmal: einen Arbeitsplatz nah am Liegeplatz der Jolle, vier Tage Arbeit und sechsundzwanzig Tage Freizeit pro Monat und eine feste Anstellung, ohne die er im Grenzgebiet Hiddensee nicht monatelang herumlungern kann, ohne Verdacht zu erregen.

Es ist das fünfte Jahr und alles bereit. Er schreibt an die fünf westdeutschen Adressen die Sicherheitsbriefe, die er zwei Jahre zuvor ausgedacht hat, setzt als Datum »Sommer 1986« darüber und versteckt sie im Boot. Das Tarnsegel ist verstaut, der Fluchtkoffer an Bord, die Route klar, und obwohl noch mehr als die Hälfte des Geldes in Prager Erde statt bei der Sparkasse in Solingen liegt, will er nicht länger warten. Je näher aber die mögliche Flucht rückt, desto vorsichtiger muß er sein.

Bei Dunkelheit hat jedes Boot an einem offiziellen Liegeplatz angetäut zu sein. In der Hauptsaison liegen viele Boote dicht an dicht in den Häfen, auch das Nest Neuendorf ist ein

Neuendorf
Ort auf der Insel Hiddensee

besonderer Treffpunkt für lebenslustige Leute, die auf ihren Schiffen wohnen, jeden Abend zechen und feiern mit Schnaps und leicht bekleidet, da kann einer nicht spätabends die Jolle klarmachen und einfach lossegeln. Wer sich herausnimmt, was allen verboten ist, wird sofort gemeldet. Auch gegen Mitternacht ist keine Ruhe im Hafen, da fängt bei vielen die Stimmung erst an. Deshalb kommen nur die Wochen der Vorsaison im Juni oder Nachsaison Mitte August bis Mitte September für ein unbemerktes Entwischen in Frage.

Den Juni über liegt Paul Gompitz auf der Lauer und wartet auf das richtige Wetter. Am Strand ist das Kofferradio immer dabei für Musik, Nachrichten, Seewetterbericht. Er streckt sich nackt unter der Sonne. Der passende Nordostwind stellt sich nicht ein. Am Klausener trifft sich ein buntes Volk, Studenten, Aussteiger, Dichter, Paul gewinnt leicht Freunde und Bekannte. Ein Doktor der Philosophie arbeitet als Kellner, ein Germanist in der Küche, Paul kann als Historiker und Philosoph glänzen, man bildet sich auf unterhaltsamste Weise. Witze machen die Runde, man spottet über die Armee, die von der nahen Kaserne aus nachts die Ostsee beleuchtet und den Liebespaaren den Heimweg aus den Hügeln des Dornbuschs erleichtert, amüsiert sich über die Soldaten, die jeden Schlafsack von weitem argwöhnisch als Luftmatratze oder Schlauchboot betrachten. Paul verkauft alle zwei Wochen wie gewohnt Würstchen und Kaffee, segelt, schwimmt, flirtet, liest, feiert mit den Freunden und besucht Helga in Rostock. Er findet ein neues Verhältnis zur Zeit: Warten können, nicht ungeduldig werden, dein Tag kommt. Endlich reisen die ersten Segler wieder ab, nehmen die Boote ins Winterlager oder auf ihren Trailer, nach und nach wird es leerer im Neuendorfer Hafen.

Trailer **Anhänger zum Transport von Booten**

Am 25. Jahrestag des Mauerbaues liegt er im Sand, weit von den wenigen andern Badegästen entfernt, und hört den Reden aus Berlin zu, abwechselnd die Jubelreden aus der Hauptstadt samt Militärparade, und, etwas leiser, die Trauerreden aus Westberlin. Während er den Worten Willy Brandts lauscht, kommen drei Kerle von Süden angestiefelt, splitternackt am FKK-Strand, er sieht ihnen sofort an, daß es Stasileute sind, die sonst mit der Pistole herumlaufen. Er wechselt vom Deutschlandfunk zum Deutschlandsender. Einer der drei erhält einen Wink, dreht ab und steigt über den Dünenübergang. Paul steht auf und sieht zu, wie der Nackte das Gestrüpp durchsucht, vielleicht nach einer versteckten Luftmatratze, Luftmatratzen gelten als mögliches Fluchtmittel und sind am Meer verboten. Paul legt sich, um nicht lachen zu müssen, wieder hin, die Männer drücken sich in seiner Nähe herum, finden aber nichts Verdächtiges. Endlich richtet einer, offenbar der Offizier, das Wort an ihn: »Schön hier, was?«

Lotophagen
→ Seite 219

Paul erhebt sich. »Schön, sagen Sie? Nein, mein Herr, das ist mehr als schön, das ist das Paradies! Die Männer des Odysseus werden damals, als sie auf der Insel der Lotophagen waren, nicht anders gedacht haben als ich hier: es gibt keinen schöneren Ort als diesen. Dieser einmalige Blick hier auf dem Dornbusch! Das weite Meer, die strahlende Sonne, der herrliche Strand, die stolzen Vögel in der Luft, ich möchte ewig hierbleiben in dieser Perle der Natur! Hier findet der Mensch zu sich selbst! Kein Auto, kein Lärm, keine Hektik! In dieser wunderbaren, reizvollen Landschaft entdecke und genieße ich die ganze Welt.«

Eloge
Lobrede, »Lobhudelei«

Kaum hat Paul Gompitz seine Eloge beendet, schnarrt der nackte Stasimann im militärischen Ton: »Also, Ihnen gefällt's hier? Wiedersehen!« und zieht mit den beiden andern im Laufschritt ab.

Mittags sieht Paul eine ganze Flotte von Küstenwachbooten vor der Ausfahrt zwischen Hiddensee und Zingst patrouillieren. Sie versperren genau die von ihm gewählte

Route. Die Grenztruppen lassen offenbar alles an Waffen und Männern heraus, was Häfen und Kasernen hergeben, gerade am Jubiläumstag des Antifaschistischen Schutzwalls wollen sie nicht von einem Grenzdurchbrecher blamiert werden. Paul merkt, daß der Wind dreht, und abends ist es sicher: An diesem 13. August weht zum ersten Mal der richtige Wind, auf den er monatelang gewartet hat. Auch der Seewetterbericht ist günstig, der Nord-Nordost soll 24 Stunden bleiben. Der Hafen halbwegs leer, in dieser Nacht könnte er entwischen. In dieser Nacht würde er die Schleife um den Süden der Insel herum schaffen. In dieser Nacht würde er den Bewachern direkt vor die Kanonen segeln.

Antifaschistischen Schutzwalls
→ Seite 219

Der Sommer geht vorüber, Nordostwinde sind nicht häufig auf Hiddensee. Er muß sich eingestehen, erleichtert zu sein, sein Leben in diesem Jahr nicht riskiert zu haben. Manchmal fühlt er sich von einem vorausspringenden Heimweh gefangen. Am schönsten Ort der ganzen DDR führt er das bequemste Leben, das Geld reicht, er kann nach Laune schwimmen, segeln, lesen, wandern oder ein Mädchen gewinnen. Im Westen wird er es nie so gut haben wie hier. Nie. Die Rede an den nackten Offizier ist nicht geheuchelt gewesen. Warum hier liegen und lauern, bis ein passender Wind die Flucht aus dem Paradies erlaubt? Warum das Leben aufs Spiel setzen, wenn es nichts Schöneres gibt? Ihm fehlt nichts, außer der übrigen Welt. Nichts, außer einem Ziel, Italien. Nichts, außer dem zweiten Ziel, von Italien wieder zurückzukehren nach Hiddensee und Rostock und Dresden und den Kumpels sagen zu können »Nu, Alter, da bin ich wieder, zurück aus Syrakus!«

Seine Zuneigung zu Helga wächst, je mehr ihm klar wird, daß er mit etwas Glück schon im Westen sein könnte. Wenn ihn das Gewissen packt über all die Heimlichkeiten, sagt er sich: Auch deinetwegen mach ich alles so geheim und so gründlich, damit ich zurückkomme, zu dir. Wenn du dich ängstigst, werde ich auch ängstlich, deinetwegen. Du sollst nicht erpreßbar werden. Wer ein Staatsverbrechen nicht anzeigt, wird mitschuldig. Du sollst unschuldig bleiben, wenigstens du! Er tut alles, um sie nicht mit dem leisesten Verdacht zu quälen und sie nicht zu seiner Stasi zu machen. Er meidet Gespräche über die Republikflucht anderer. Liebend wiegt er sie in Sicherheit. Die Wochen der Trennung und die kurzen Reisen in die ČSSR nimmt sie wie immer ohne Klage hin, sie ist das seit Jahren gewohnt, sie braucht viel Zeit für sich und sagt manchmal: »Angenehm, mal wieder die Wohnung für mich zu haben.«

Den langen Winter über arbeitet er nachts im Rostocker Bahnhof, frühstückt um 6.30 Uhr mit ihr, schläft bis Mittag und hat den Nachmittag und Abend für Einkäufe, Schallplatten, Bücher, Freunde, Helga. Im Halbschlaf oder beim Servieren, beim Lesen oder beim Frühstück, ohne daß er es will, zielen seine Gedanken auf mögliche Verbesserungen seiner Pläne, aber er findet und findet kein größeres Risiko mehr. Der Mast und der Mastbaum sollten besser dunkel gestrichen werden, das Aluminium leuchtet zu hell. Es gibt keinen perfekten Mord, sagt er sich, also gibt es auch keine perfekte Flucht. 90 % Plan, 10 % Glück, du brauchst das Glück wie den Wind!

Weil er meint, daß das Geld im kommenden Sommer knapp werden könnte, gibt er im Januar eine Annonce bei der »Wochenpost« auf: »Verkaufe sechsbändige Illustrierte Sittengeschichte von Eduard Fuchs gegen Höchstgebot.« Angebote erreichen ihn nicht, er ruft in Berlin an, aber man will ihm nicht sagen, wann die Anzeige erscheinen wird.

Eduard Fuchs
→ Seite 219

Im Mai packt er wieder den Fluchtkoffer, schreibt die neuen Sicherheitsbriefe und wartet den Juni über Tag um Tag vergebens auf den passenden Wind. Als er im Juli, da er wegen der Hochsaison ohnehin nicht fliehen kann, ein paar Tage nach Hause kommt, findet er den Beistelltisch im Wohnzimmer voll mit Briefen, jeden Tag bringt der Briefträger neue Stapel. Die Anzeige ist in der ersten Julinummer erschienen, und nun scheint die ganze DDR geil auf das begehrte Werk. Die Offerten gehen bis 3500 Mark für die sechs Bände, die er zehn Jahre zuvor für 1400 Mark in einem Antiquariat erstanden hat. Das beste Angebot stammt von einem Japaner aus Leipzig: 1000 DM, West! Gompitz lädt ihn zum Handel ein, und drei Wochen später überreicht Herr Yakushi Tahematsu in der Wielandstraße in Rostock seine Visitenkarte. Er spricht gut Deutsch, Dolmetscher und Fremdsprachenkorrespondent einer japanischen Firma, zieht einen Zettel aus der Tasche, auf dem er sich Einzelheiten notiert hat, kontrolliert die Bände auf ihre Vollständigkeit und ist mit dem Lächeln eines Kenners auf bescheidene Weise begeistert.

Der noble Liebhaber der Erotica will die tausend Westmark schon auf den Tisch legen, da sagt Gompitz: »Wissen Sie, Herr Tahematsu, mir wäre es lieber, wenn Sie das Geld von Westberlin aus nach Solingen überweisen würden. Ich habe dort eine Cousine, die hat mich schon mehrfach zu einem Besuch eingeladen. Über kurz oder lang werde ich sie mal besuchen, und deshalb möchte ich etwas Geld im Westen haben. Ich bitte Sie, zahlen Sie das Geld an meine Cousine, einfach mit Postanweisung von Adresse zu Adresse. Ich habe mir vorgestellt, wir regeln das so: Ich leihe Ihnen diese Bücher, Sie können sie heute mitnehmen und Sie bestätigen mir in einem Leihvertrag bei Verlust einen Schadensersatz von 1000 DM.« Der Japaner begreift, unterschreibt, was Gompitz wünscht, und zieht glücklich ab. Wenige Wochen später kommt die Karte der Cousine, die mit dem gewohnten Schlüsselsatz den Erhalt des Geldes bestätigt, und Gompitz schickt Herrn Tahematsu den Leihschein zurück.

Der Sommer 1987 verläuft wie der Sommer davor, ohne Nordostwind in der passenden Jahreszeit. Still feiert er sein Glück, plötzlich 1000 DM mehr auf dem Konto in Solingen zu wissen, und das angenehm faule Leben auf Hiddensee. Manchmal ist er froh, daß der Wind keine Entscheidung von ihm verlangt.

Erich Honecker
➔ Seite 219

Während er im September auf der Lauer liegt, hofft er schon mehr auf Erich Honecker als auf den idealen Wind. Der Staatsratsvorsitzende wird in Bonn mit allen Ehren empfangen, die Westdeutschen machen den Diener, der Kanzler voran. In der DDR erwartet man Reiseerleichterungen, Honecker macht keine Zusagen, aber in der Presse spricht man von einer Vertiefung der Beziehungen durch Städtepartnerschaften. Vielleicht geht es ja doch, sagt sich Paul, ohne daß ich mein Leben riskieren muß, immer hab ich beide Wege im Kopf gehabt, den mit Bahn und Paß und den mit Boot und Kompaß, vielleicht schaff ich es doch auf dem legalen Weg!

Im Herbst verbrennt er die Sicherheitsbriefe, packt den Fluchtkoffer aus, wäscht die Wäsche und kündigt einen Besuch bei Herrn Tahematsu in Leipzig an. Die Dokumente und das Notgeld behält er zu Hause, den Koffer mit Kleidung und Schuhen trägt er in das Apartment des Japaners. Nach dem Austausch von Höflichkeiten und Gesprächen über die Sittengeschichte sagt Gompitz:

»Ich wollte Sie fragen, ob Sie mir einen kleinen Gefallen tun können. Ich habe Ihnen ja gesagt, daß ich bald zu meiner Cousine nach Solingen fahren will, und ich möchte im Westen auch gern ein bißchen arbeiten in meinem Beruf als Kellner, weil ja alles so teuer ist. Aber wenn ich im Zug sitze, dann werden die mich kontrollieren und sehen die Kellnerklamotten, wer trägt denn so was heutzutage noch, nur Kellner, dann merken die sofort, daß ich arbeiten will, und das ist ja von unseren Organen strengstens verboten. Deshalb die Frage, ob

Sie, wenn Sie mal nach Westberlin fahren, Sie werden ja nicht kontrolliert, den Koffer mitnehmen und mit der Post an meine Cousine schicken. Sie brauchen keine Sorge zu haben, es ist nichts drin, was Ihnen Schwierigkeiten machen könnte.«

Zum Beweis öffnet er den Koffer und führt Wäsche und Schuhe vor. Der Japaner nickt, der Japaner verspricht zu helfen. Abends trinken sie in Auerbachs Keller und sprechen drei Stunden über Goethes »Faust«. Gompitz erklärt die Szenen auf den Wandmalereien und die Bedeutung von Sätzen wie »Wer immer strebend sich bemüht« als den Schlüssel zur deutschen Seele. Tahematsu ist nie zuvor auf einen so gebildeten Deutschen getroffen, Gompitz kann zum ersten Mal einem Fremden anvertrauen, ein national denkender Deutscher zu sein, stolz auf die Reformation, den deutschen Beitrag zur Aufklärung und zur Zivilisierung Rußlands, auf Goethe und Bismarck. Glücklich, die Sorge um den Koffer los zu sein, mehr Platz auf dem Boot und mehr Geld auf dem Solinger Konto zu haben, genießt er es, mit einem verschwiegenen Komplizen zu trinken, der trotzdem nichts von dem geplanten Staatsverbrechen der Flucht weiß. Ausgerechnet ein Mann vom fernsten Ende der Welt hilft dir mehr als jeder Deutsche! Nur einen kurzen Augenblick lang stört ihn, daß Tahematsu selbst nach dem vierten Glas bulgarischen Rotweins nicht auf Verbrüderung aus ist.

Im November, kurz nach Honeckers Auftritt in Bonn, wird die Städtepartnerschaft zwischen Rostock und Bremen besiegelt. Der Vertrag, hofft Gompitz, kann eine mögliche Brücke nach Syrakus sein und ihm das Risiko ersparen, mit Gewalt den gefährlichen Sprung mit der Plastejolle über die See zu machen. Wenige Tage nach der Unterzeichnung des Vertrags schreibt er an den Bremer Bürgermeister, indem er sich des offiziellen Vokabulars der Freundschaft und Partnerschaft bedient, es sei sein dringender Wunsch als Ro-

Plaste
Plastik

stocker Bürger, die Schwesterstadt im Westen einmal kennenzulernen. Den Brief schickt er über die Deckadresse eines Hausmeisters aus Bielefeld, den er auf Hiddensee kennengelernt hat.

Schon im Februar 1988 antwortet der Bürgermeister der Freien und Hansestadt Bremen auf feinem Papier mit rotem Schlüsselwappen. Er bedankt sich bei Paul Gompitz für sein Interesse, wünscht, daß es ihm gelänge, ihn, den Bürgermeister, zu besuchen und seine Stadt kennenzulernen. Er deutet an, daß er sich bei den entsprechenden Stellen der Stadt Rostock für ihn, Gompitz, einsetzen werde. Unterschrift: Dr. Wedemeier.

Paul kann sein Glück nicht fassen. Am Zittern der Hand, die den Brief hält, erkennt er, wie sehr er bei allen kühl durchdachten Vorbereitungen der Flucht um sein Leben gebangt hat. Dieser Brief wird ihm die Schüsse der Küstenwachboote ersparen. Er schickt einen Antrag ins Rathaus und spricht bei einem mageren Parteimenschen vor, der für Auslandsbesuche zuständig ist und eine Kopie des Briefes von Dr. Wedemeier vor sich liegen hat. Auch der nennt nur ein Argument, im Singsang falscher Höflichkeit immer wieder variiert: »Wegen fehlender Reisegründe müssen wir den Antrag ablehnen. Der Anlaß ist kein konkreter und kein familiärer, sondern ein touristischer, das können wir nicht genehmigen, wir sind erst dabei, Richtlinien für den touristischen Verkehr zwischen der DDR und der BRD auszuarbeiten, das wird noch etwas dauern.«

Als aller Widerspruch, in Ruhe und geziemendem Vokabular vorgetragen, an dem Flachkopf abgeprallt ist, schreit Gompitz los: »Mensch, merken Sie denn nicht, daß die einfachen Leute auch endlich mal raus wollen, einmal nur raus! Sie haben mir Solingen abgelehnt, Sie haben mir Karlsruhe abgelehnt und jetzt Bremen, eine Einladung vom Bürgermeister persönlich! Was haben Sie bloß für eine dämliche Angst, daß ich nicht wiederkomme! Ich komme wieder! Ich will hier leben! Aber nicht immer eingesperrt sein! Lassen Sie mich doch einmal im Leben nach Bremen!« Er beherrscht sich rasch, entschuldigt den Ton, bittet um weitere Prüfung und schleicht nach Hause.

Er sucht einen Anwalt auf, der den Ruf hat, in Reiseangelegenheiten helfen zu können. Nach dreieinhalb Stunden Stehen auf der Treppe, im Flur, im Wartezimmer verspricht Rechtsanwalt Breitenbach in einem Fünfminutengespräch seine Hilfe, aber mehr verspricht er nicht.

Paul bleibt entschlossen zu kämpfen: Du mußt jetzt Druck machen, vielleicht ist das nur so ein Standardbrief vom Bürgermeister, um die Leute abzuwimmeln, du mußt in Bremen irgendwie öffentlich auffallen, die Presse anstiften! Da er keinen Menschen in Bremen kennt, hört er frühmorgens die Presseschau des Deutschlandfunks zur Deutschlandpolitik und wartet, bis der Name einer Bremer Zeitung fällt. Als nach gut zwei Wochen einmal der »Weser-Kurier« zitiert wird, kommentiert er die Kommentarsätze in einem Leserbrief, flicht seine nicht genehmigte Einladung nach Bremen ein und schickt den Brief mit der normalen Post an die Zeitung mit dem Zusatz, er wünsche durchaus eine Veröffentlichung.

Schon am nächsten Abend tauchen in seiner Bahnhofskneipe zwei Männer auf, die etwas besser angezogen sind als das übliche Publikum, das er bedient. Er kennt die Pappenheimer, die zu zweit für sich sitzen und unauffällig tun. Als einer der Stammgäste am Radio herumdreht, ein Westsender mit Nachrichten zu hören ist, brüllt Gompitz: »Weg da!« und schaltet den Kasten aus. »Bist du verrückt geworden, bei mir gibt's keine Feindesnachrichten, braucht nur jemand von der Stasi hier reinzugucken, dann komm ich in Teufels Küche!«

Die beiden sieht er nicht wieder, andere von der Firma

scheinen nicht zu folgen. Gompitz hat keine Angst vor den Spitzeln, man muß sich auf sie einrichten, nichts Verbotenes tun, und wenn man Verbote übertritt, dann dürfen sie nichts merken. Sie leben von deiner Angst, von sonst gar nichts. Den Spitzeln sagen, daß sie Spitzel sind, dann verschwinden sie.

Bremer Roland
→ Seite 219

Aber der legale Weg ist aussichtslos, die Brücke nach Bremen verbaut. Der Flachkopf im Amt ist nur der unterste Wächter, alle Verordnungen sprechen dagegen, daß ein einzelner Rostocker Kellner als Tourist, ohne Parteibuch, ohne Funktion, ohne höheren Rang dem Bremer Roland seine Aufwartung machen darf.

Im März in Prag gräbt Paul die letzten 2000 DM aus und steckt, da er keine Glückwunschkarten mitgenommen hat und in Prag keine zu kaufen sind, je zehn Scheine in einfache Briefumschläge. Die Briefe wirft er in Prag und Karlsbad in den Postkasten. Er hat kein gutes Gefühl dabei, aber in seiner Wut über die Rostocker Bürokraten will er die Prager Pleite mit dem Valutadepot so rasch wie möglich beenden und bei nächster Gelegenheit nach Syrakus starten und alles wagen, auch das Leben.

Egon Krenz (geb. 1937), seit 1984 stellv., 1989 Staatsratsvorsitzender

Zu Hause schreibt er die vier Sicherheitsbriefe mit dem Datum »Sommer 1988« und bereitet einen Brief an Egon Krenz vor. Er erwartet keine Gunst von ihm, nicht einmal die Gunst der Aufmerksamkeit, er will seinem Staat nur zeigen, wie ernst ihm sein Vorhaben ist. Obwohl nicht von Hoffnung begleitet, soll der Appell doch an den Mann gerichtet werden, dem noch am ehesten die unwahrscheinliche Veränderung zuzutrauen ist:

»Sehr geehrter Herr Sekretär des ZK der SED!

Nach Jahren vergeblichen Bemühens, auf legalem Weg eine Deutschland- und Italienreise machen zu können, versuche ich heute nacht mit meiner Segeljolle nach Dänemark zu gelangen. Ich versichere Sie, daß ich die Grenzen meines Vaterlandes DDR nicht in verräterischer Absicht zu durchbrechen versuche, sondern allein, um meine persönlichen Reise- und Bildungsambitionen zu befriedigen. Sollte mein Grenzdurchbruch gelingen, so bitte ich Ihre Behörde nachträglich, meinen Verzweiflungsschritt zu legalisieren und mir bei der Ständigen Vertretung der DDR in der BRD einen Reisepaß zu hinterlegen, damit ich im Mai 1989 legal und diskret in die DDR zurückkehren kann. Sollte ich aber aufgebracht werden, so sehen Sie bitte dieses mein Schreiben als einen Antrag auf Entlassung aus der Staatsbürgerschaft der DDR an. Aber nur dann!! Hochachtungsvoll, Paul Gompitz.«

aufgebracht gefasst

Das Schreiben mit der Adresse an Krenz steckt er in einen zweiten Umschlag mit einem Begleitbrief an einen Kollegen, den er bitten will, den Umschlag an Krenz in den Postkasten zu werfen. Alle Briefe bleiben mit den Zeugnissen und den 300 DM, die er mit nach Westen nehmen will, bis zur Abfahrt nach Hiddensee hinter den Büchern über die Hugenotten versteckt.

Hugenotten → Seite 220

Auf die erlösende Nachricht aus Solingen wartet er vergeblich, von Woche zu Woche wächst die Furcht, nicht nur die 2000 DM durch eigene Dummheit den tschechischen Zöllnern in die Hände gespielt zu haben, sondern vielleicht auch die Stasi auf sich aufmerksam gemacht zu haben. Er unterdrückt solche Gedanken, er wird sie nicht los, er sehnt sich nach dem Sommer.

Im Mai wird das Boot aus dem Schuppen des Fischers in Neuendorf geholt und aufgerüstet. Endlich hat er die braune Farbe, um den hellglänzenden Aluminiummast für die Nachtfahrt zu tarnen. Im Vorjahr hätte er ihn fast schwarz angemalt, aber im letzten Augenblick zögerte er: Ein schwarzer Mast kann mißtrauischen Leuten auffallen, erst helles Aluminium, plötzlich schwarz, was hat der Kerl vor? Die Mischung aus Dunkelbraun und Ocker, mit der er nun Mast und Mastbaum streicht, ist ideal, mit den Fingern malt er eine Art Maserung dazu, bis alles aussieht wie ein dunkler Holzmast, der keinen Verdacht erregen kann.

9

- *So langsam müßte er ja mal starten … oder ist das eine Geschichte nach dem Motto »Der Weg ist das Ziel«?*
- *Eher eine der tückischen »Geschichten, die das Leben schreibt«, Vorsicht!*

Wenn Paul in Rostock ist und nicht arbeiten muß, steht er früh um 6 Uhr auf, serviert Helga das Frühstück und hilft ihr in den Tag hinein. Ihr Ausgleich für sein unstetes Leben ist die Bibliothek, sie ist zur Stellvertreterin des Direktors aufgestiegen, und er sucht ihr die Arbeit mit aufmunternden Sätzen zu erleichtern. Seit einigen Jahren hat er sie daran gewöhnt, zu Kaffee und Marmeladenbrot immer den gleichen Westsender zu ertragen, Musik, Nachrichten und um 6.40 Uhr den Seewetterbericht vom Deutschlandfunk auf 1269 Kilohertz. »Als Segler muß ich immer wissen, wie der Wind weht.«

Am Dienstag, dem 8. Juni, gibt die vertraute Stimme aus Köln im langsamen Tonfall den Seewetterbericht des Seehydrographischen Amts in Hamburg durch. »Wetterlage: Ein langsam über Mecklenburg ostwärts ziehendes Tief bestimmt das Wetter, Wind Nordost 4–5.« Es folgen die Wettervorhersagen für die Deutsche Bucht, Südwestliche Nordsee, Skagerrak, Kattegat, Paul braucht die Vorhersage für die westliche Ostsee: Für die nächsten 12 Stunden stabil, auch die Wetteraussichten für 24 Stunden günstig: Nordost 4–5, leicht rückdrehend.

Paul, plötzlich hellwach, legt das angebissene Brot aus der Hand. Das ist es! Rasch hat er die Lage begriffen. Nicht nur der Wind ideal, ein zweiter Vorteil zeichnet sich ab: Wenn der Nordostwind, wie gemeldet, nicht von einem skandinavischen Hoch kommt, sondern in ein langsam über Mecklenburg ostwärts ziehendes Tief hineinweht, dann ist es diesig, also wunderbares Mistwetter. Er trinkt, um nicht aufzufallen, die Kaffeetasse aus, obwohl er keinen Kaffee mehr braucht. Helga, mit der Zeitung beschäftigt, beachtet ihn nicht. Er hört in den Musiktakten den Wind, greift seinen Teil der Zeitung, versteckt sich dahinter. Das ist der Tag! Entweder lebst du morgen nicht mehr oder du bist morgen im Westen!

In zehn Minuten muß Helga aus dem Haus, die letzte Chance, ihr einen Hinweis zu geben. Er hat ihr gesagt, daß er in diesen Tagen wieder nach Hiddensee fahren und am Wochenende mit der Zweitagearbeit im Kiosk auf dem Dornbusch beginnen will. Helga schiebt ihm die Zeitung hin und geht ins Bad. Nein, er muß sie ahnungslos zu ihren Büchern laufen lassen. Sieben Jahre lang hat er kein Wort gesagt, und auch jetzt zweifelt er keine Sekunde daran, daß es so für sie am besten ist. Er darf sie nicht vor Angst leiden, als Mitwisserin zittern lassen oder sie mit dem Konflikt foltern, ihn festhalten oder denunzieren zu müssen. Jede Ehrlichkeit würde die Quälerei nur verlängern. Wie man es auch wendet, zum Reden ist es zu spät. Morgen ruf ich dich von Dänemark an, und in einem halben, in einem Jahr spätestens seh ich dich wieder! Er hört die Spülung im Bad, deckt den Tisch ab, wäscht das Geschirr. Er muß sich Mühe geben, seine Bewegungen so aussehen zu lassen wie an jedem Morgen. An der Tür sagt er: »Vielleicht fahr ich heut schon nach Hiddensee rüber, mal sehn.« »Wie du meinst«, sagt sie. Kaum länger als sonst der Kuß.

Das ist der Tag! 7 Uhr. Der Zug nach Stralsund fährt gegen Mittag. Genug Zeit, am Abend bei der Jolle zu sein. Alles gepackt, alles vorbereitet an Bord, Dokumente und Bargeld bereit, Sicherheitsbriefe fertig, Geld und Koffer im Westen. Mindestens 36 Stunden wirst du nicht schlafen können. Er legt sich ins Bett, stellt den Wecker auf 11, bleibt hellwach und steht nach 30 Minuten wieder auf. Er tigert durch die Wohnung und prüft, was jahrelang geprüft und geplant wurde. Das einzige, was nicht in seiner Macht liegt, ist das Wetter, die Angaben des Deutschlandfunks. Auf den Seewetterbericht ist immer Verlaß gewesen, aber was, wenn ihn vielleicht gerade heute ein Irrtum, ein Versprecher narrt?

Er ruft die Frau an der Kasse der Weißen Flotte in Stralsund an, die er von seinen Kellnertouren kennt: »Frau Neumann, ich wollte nur mal fragen, ich will heute noch nach Hiddensee, ein bißchen segeln, und wenn nicht viele Leute bei Ihnen Schlange stehen, können Sie mir mal den Gefallen tun und rausgucken, wie der Wasserstand ist?« Er weiß, sie braucht sich nur aus dem Fenster zu lehnen, um den Pegelstand abzulesen. »Heut steht keiner Schlange, Herr Gompitz, Mistwetter«, sagt sie, und dann: »530«. Paul dankt, er ist zufrieden, die Wetterlage ist bestätigt, 30 Zentimeter über Normal, der Bodden vom Nordostwind gut mit Wasser gefüllt, daß die Jolle mit achterlichem Wind leicht vorwärtskommt.

Es gibt keine Ausreden mehr. Manchmal in den beiden letzten Jahren, wenn der Wind und alles andere günstig schienen, hat ihn die Angst vor dem eigenen Mut befallen, dem perfekten Plan und tollkühnen Ziel in wenigen Stunden folgen zu müssen, und ohne es sich zu gestehen, hat er auf eine Westdrehung des Windes und doch wieder auf die legalen Wege gehofft, über die Grenze nach Syrakus zu kommen. Nun aber darf es kein Zögern geben. Nach der Ablehnung der Bürgermeistereinladung aus Bremen, und in der Furcht, die 2000 DM durch eigene Dummheit an die Tschechen verloren zu haben und dadurch vielleicht der Stasi aufgefallen zu sein, muß er den Grenzdurchbruch wagen und alles riskieren. Jetzt gilt nur noch der Satz: Leinen los!

Die Bilder, die Vorhänge, das Bett, die Möbel, alles versucht er ohne Abschiedsblicke zu betrachten. Die Bücherregale, die Blumen, die Schränke, alles in der Wohnung, woran er gewerkelt und gepinselt, was er gekauft oder ertauscht hat, spricht ihn an: Bleib! Er beruhigt sich: Ich komm ja wieder! Dann der klare Gedanke: Entweder lebst du morgen nicht mehr oder du bist im Westen! Er kann sich weder das eine noch das andere vorstellen, verwirrt, daß es nach sieben Jahren Vorbereitung plötzlich nur noch diese lächerlich eindeutige Alternative gibt. Er muß dem eigenen Befehl folgen, sonst nichts.

Konserven lagern auf dem Boot, aber er braucht mehr Proviant und schmiert, ohne den Gedanken an die hungernden und verdurstenden Schiffbrüchigen in allen Abenteuerbüchern abschütteln zu können, acht Brote mit Käse und Leberwurst, füllt die Thermoskanne mit Tee und eine Flasche halb mit Rotwein, halb mit Wasser, um vom Trinken nicht müde zu werden. Er packt zur Tarnung die Arbeitskleider zusammen, die er für den Kiosk auf dem Dornbusch braucht, greift das Kofferradio, weil er unterwegs noch einmal den neusten Seewetterbericht hören will, und läuft zum Bahnhof.

Dort entsetzt ihn die Ankündigung: »Eilzug 12.19 Uhr nach Stralsund verkehrt heute nicht, Schienenersatzverkehr bis Rövershagen.« Man steigt in Busse, die Busse sind voll, kein Sitzplatz frei. Man wartet lange, dann schlingert der Bus durch den Stadtverkehr, Kurve rechts, Kurve links, ein Stau hält alles auf. Paul fürchtet, in Stralsund die Nachmittagsfähre zu verpassen, er schwitzt, er muß unbedingt um 12.40 den Seewetterbericht hören, im Stehen drängelt er mit dem sowjetischen Radio am Ohr, immer sich oder das Radio wie ein Musikverrückter in die vermutete bessere Empfangsrichtung drehend, um den verbotenen Westsender so leise wie möglich, aber doch laut genug gegen den Motorlärm und das Geschwätz der Leute zu hören. Bei der Fahrt durch Bentwisch gelingt es, die Stimme aus Köln einzufangen: die Vorhersage und die Aussichten unverändert gut, Nordost 4–5, im Verlauf der Nacht jedoch leicht rückdrehend. Also keine Stunde vertrödeln.

Später als geplant trifft er in Stralsund ein und hetzt mit Gepäck und Radio durch die Stadt, um die Drei-Uhr-Fähre zu erreichen. Er grüßt Frau Neumann, wechselt ein paar Worte über die beginnende Saison. Der Pegelstand unverändert. Auf dem Schiff möchte er am liebsten ein Bier trinken. Müdigkeit kann er sich nicht leisten, er tröstet sich: Morgen kriegst du ein dänisches Bier, Tuborg, ein echtes Tuborg! Zweieinhalb Stunden dauert die Fahrt, es scheint ihm ein halber Tag. Mit den Augen streift er über das Wasser und die Bojen, fährt wieder und wieder die Strecke ab, über die er in der Nacht die Jolle steuern wird.

Von Kloster läuft er nach Norden zur Gaststätte »Zum Klausener«, begrüßt den Wirt und Freund Horst mit großem Hallo, man hat sich den ganzen Winter nicht gesehen. Er bezieht sein Zimmer, legt Wäsche und Arbeitssachen ab und sagt dem Kollegen: »Schließ nicht ab, es kann spät werden.« Auf der Bahnfahrt hat er sich die Ausrede ausgedacht: Er müsse noch mal nach Neuendorf hinunter, von der Fähre aus habe er bemerkt, daß die Jolle verkehrt liegt, es könnte sich ein Tampen losgerissen haben. Er verspricht, bald wieder zurück zu sein und das Wiedersehen ordentlich zu feiern.

Tampen
Tau-Ende

Sieben Kilometer läuft er mit der Proviantasche auf dem Deich entlang nach Süden. Der frische Wind reinigt sein aufgeregtes Gemüt, grün liegt das Land, die Freiheit des Himmels klärt die Gedanken. Ja, es ist schön hier, ja, du mußt nicht weg, du kannst bleiben, hier, am schönsten Flecken der Welt. Ja, gib dich zufrieden, warum das Leben riskieren, du kannst kuschen, viele Jahre kuschen, wie alle, wie viele Leute, die zu ihrer Arbeit, zu ihrem Dienst schleichen und kuschen, damit sie irgendwann nach Westen reisen und ihre Tanten und Cousinen besuchen können, ja, es lohnt sich zu kuschen, aber deine Sache ist das nicht, für dich ist es zu spät zum Kuschen, du kannst nicht mehr heucheln, du kannst sie täuschen, aber du kannst nicht heucheln, du hast dich zu oft mit diesen Leuten herumgeschlagen seit Jahrzehnten. Ja, alles kannst du aushalten, die leeren Geschäfte, die kaputten Dächer, die dreckigen Bahnen, den Gestank des Sozialismus, aber was du nicht aushalten kannst, daß sie dich einsperren für immer, daß du nie was sehen wirst von der Welt, unter dieser Last kannst du nicht leben, ja, und deshalb wird dich heute keiner mehr aufhalten, keiner!

Bei Vitte entdeckt er weit draußen ein größeres Motorboot, das auf Sand gelaufen oder in Not geraten ist. Grenzsoldaten mit Tarnstahlhelmen, Funkgerät und Maschinenpistole liegen in den Dünen und beobachten das Schiff, also muß es ein Westler sein, ein Däne vielleicht. Die Szene erheitert ihn: Da belagert ihr wie in schlimmsten Kriegszeiten ein fremdes Schiff, das euch nichts tut, aber mich, der euch heute nacht entfliehen wird, mich beachtet ihr nicht! Heute klappt es, heute muß es klappen!

Gegen 20 Uhr kommt er in Neuendorf an. Der Hafen ›Schwarzer Peter‹ ist in diesen frühen Junitagen leer. Zwei Motorboote an ihren Liegeplätzen, nur wenige Jollen und Segelschiffe im Wasser. Sein Boot, halb im Schilf liegend, ist in Ordnung, schön liegt es da mit 5,10 Metern Länge und 1,80 Breite, ein offenes Boot, ohne Kajüte, aber mit Schapp, die übliche Yxylonjolle aus Plaste, der Trabant des DDR-Seglers, immerhin mit zwei Schwertern. Das serienmäßige Rot-Weiß ist längst einem vorteilhaften Grün-Braun gewichen.

Nicht in Ordnung ist der Angler an dem kleinen Binnensee neben dem Hafen, ein älterer Mann, den Paul kennt und vor dem er sich in acht nimmt, weil er hier der Sicherheitsbeauftragte ist und in Seglerkreisen als Stasimann gilt. Solange der in der Nähe herumsteht, kann Paul das Boot nicht klarmachen. Er wartet, aber der Mann angelt weiter. Also die Ungeduld nicht verraten, ihn ansprechen, das Wetter, die Fische, die Saison, »wie schön, daß die Saison wieder beginnt, wie schön, daß ich gerade Sie hier zuerst wiedersehe«. Es hilft nichts, der Mann redet kaum und hört nicht auf zu angeln.

Paul tut so, als prüfe er sein Boot von außen und müsse geschäftig nach Mängeln suchen, Persenning und Segel rührt er nicht an. Nach einer halben Stunde geht er wieder zu dem Stasimann hinüber, fragt, ob er wisse, wer ihm das Ruderblatt reparieren könne, es sei angebrochen, damit traue er sich nicht mehr weit. Die Auskunft ist dürftig, aber auf die Auskunft kommt es nicht an. Erst als die Sonne kurz vor 22 Uhr untergeht, packt der Angler zusammen und verschwindet.

Oft hat Paul geübt, das Boot für den Grenzdurchbruch klarzumachen und unter der Persenning die Segel anzuschlagen. Das ist schwierig genug, erst recht für einen einzelnen Mann, zum Glück kommt es nicht auf Minuten an. Er zerrt das dunkelblau gefärbte, immer noch schmierige Großsegel aus dem Segelsack, führt das Unterliek in die Nut des Großbaums, zieht den Segelhals mit der Kausch am Baum fest und das Segel mit dem Nockbändsel am Schothorn straff, bindet das Nockbändsel am Ende des Baums fest und steckt die Segellatten in die Lattentaschen am Achterliek. Dann holt er das Focksegel aus dem Sack, sucht die Ecke mit dem Segelhals heraus und schäkelt ihn am Bugbeschlag an, schäkelt das Fockfall an den Segelkopf und die Fockschot ans Schothorn. Mit dem normalen Segel und ohne die hinderliche Persenning eine Sache von drei, vier Minuten, aber im Dunkeln und unter der Abdeckplane wie ein Blinder am schmierigen Großsegel und am Focksegel fummelnd, die, ständig im Seesack versteckt, nie richtig trocken geworden sind und die Finger blau einfärben, braucht er fast eine halbe Stunde.

Dann holt er Heftpflaster und den Kompaß aus dem

Persenning wasserdichte Abdeckung

Unterliek Unterkante des Segels
Segelhals vordere untere Ecke des Segels
Kausch Ring mit Hohlrand
Nockbändsel dünnes Tau
Schothorn hintere untere Ecke des Segels
Achterliek Hinterkante des Segels
Fockfall Tau zum Hissen der Segel
Segelkopf Mastspitze

Schapp, klebt ihn mit zwei breiten Pflastern in Kielrichtung fest. Es ist nur ein kleiner Spielkompaß für das Handgelenk von Kindern, aber im Notfall besser als nichts. Er legt seine Tarnkleidung bereit, eine dunkle Anglerhose und eine Jacke aus dunklem Ölzeug, und prüft noch einmal den Wind. Zuverlässig 4 bis 5 Nordost. Der Wind sagt: Es geht los! Paul gehorcht, nimmt aus dem Schapp die vier Briefe nach Aachen, Bad Kissingen, Lüneburg und Wiefelstede, mit denen er die unbekannten Landsleute um Benachrichtigung des Gesamtdeutschen Ministeriums bittet, und den Brief nach Berlin an den Stellvertretenden Staatsratsvorsitzenden und läuft die dreihundert Meter ins Dorf zum Briefkasten.

Er zögert keinen Augenblick und läßt die Briefe fallen. Nun gibt es kein Zurück mehr. Der Satz fällt ihm ein wie ein Zitat aus einem Abenteuerroman: Nun gibt es kein Zurück mehr – das Boot und die See, alles andere zählt jetzt nicht. Er wehrt sich gegen das Zitat, gegen das Klischee, gegen seine Heldenrolle, und für wenige Sekunden steigt noch einmal die Furcht auf, die Grenzer könnten mit Infrarotgeräten ausgestattet sein und kilometerweit an der Körperwärme einen möglichen Flüchtling erkennen.

Faß Tritt, Alter! Mach dich nicht verrückt, auch wenn dies deine letzten Schritte auf Hiddensee sind! Keine Sentimentalitäten mehr! Jetzt zeig, daß du sieben Jahre lang schlauer warst als deine Gegner!

Er zieht die schwere, dunkle Anglerhose über, unpraktisch zum Segeln, aber eine gute Tarnung und nützlich, falls er bei der Hundekälte von 10 Grad aus dem festgefahrenen Boot steigen muß, um es aus dem flachen Wasser wieder in die Priele zu schieben. Über die Hose die dunkle Jacke, alles bereit, ist alles bereit?

Es ist viertel vor elf, der Himmel im Westen noch zu hell. Er kriecht in die Jolle, er testet alles durch, zieht ein bißchen an einem Fall, alles läuft und rollt, und hält sich ruhig. Im wasserdichten Schapp im Heck sind Taschenlampe, Nachtsichtfernglas, Konserven, Dokumente, Zeugnisse, 300 DM, 299 Mark der DDR und die DDR-Flagge verstaut. Zwischen den beiden Schwertkästen kann man eine Luftmatratze ausbreiten und schlafen. Paul legt sich hin, aber er schläft nicht, darf nicht schlafen, er hört den Gleichtakt der Wellen am Rumpf, schmiegt sich ins Boot, als wolle er es wärmen und gefügig machen für die schwere Fahrt. Viele tausend Mark investiert, Hunderte von Segelstunden, jetzt hängt alles von seiner Geschicklichkeit, der Tüchtigkeit des Materials und vom großen Glück ab.

Gegen halb zwölf sind auch im Westen die letzten hellen Streifen in grauer Schwärze versunken. Kein Sternenhimmel, alles beruhigend finster und diesig. Er löst die Bändsel der Persenning von innen, rafft die Persenning zusammen, stopft sie in den Seesack, bindet den an der Jolle fest, zieht das schwere Großsegel hoch, dann die Fock, wirft die Achterleine los, stößt das Boot vom Ufer ab und segelt mit südlichem Kurs dem fernen Ziel entgegen.

10

– *Na endlich!*
– *Früher konnte er nicht starten, oder wann wärst du losgesegelt?*

Langsam schleicht das Boot vor dem Wind dahin und wird immer langsamer. Im flachen Wasser kann er die Schwerter nicht ausfahren. Der Wind ist etwas zurückgedreht und abgeflaut, wie immer nach Sonnenuntergang, er weht nicht mehr von Nordost, sondern von Nord, er streicht also über die ganze Insel, die Dünen bremsen ihn, so daß er bei Neuendorf und weiter südlich kaum die Stärke einer Brise hat. Um nicht entdeckt zu werden, muß Paul Gompitz dicht unter Land segeln, wo am wenigsten Wind weht. Das Ruderblatt schleift über den Grund, das Geräusch geht ihm in der Stille durch Mark und Bein. Blätter treiben neben dem Boot, so langsam ist die Fahrt über Sandbänken und Prielen. Paul stakt mit dem Paddel, es bleibt ein Kriechgang. Wie ein umgedrehter Hut dümpelt die Jolle dahin. Er fürchtet das Schlimmste, im Windschatten stehenzubleiben. Langsamer als ein Spaziergang nach Syrakus, so kommst du nie nach Italien! Für die sieben Kilometer lange Strecke bis an den Gellen, die Südspitze der Insel, hat er höchstens eine Stunde eingeplant. Nun fürchtet er, zwei Stunden zu brauchen.

Zum ersten Mal ist er in finsterer Nacht auf See, die Orientierung ist leichter als vermutet. Im diesigen Wetter wirkt der Himmel hellgrau, das Wasser dunkelgrau, das Land tiefschwarz. Von weit im Norden der Insel, vom Dornbusch, wo sein Kiosk liegt und Horst und die andern mit dem Wodka warten, im Dunst das Leuchtfeuer. Er gleitet auf eine Sandbank, springt ins eiskalte Wasser, das bis zu den Knien reicht, schiebt das Boot wieder in den Priel und klettert über das Seitendeck. Die Anglerhose ist dicht, die Beine bleiben trocken. Meter um Meter schleicht die Jolle nach Süden. Auf der Steuerbordseite das Naturschutzgebiet Gellen. Dort zeichnet sich langsam eine dunkle Gestalt mit Kapuze oder Stahlhelm und mit Gewehr ab. Er schaut durch das Nachtglas. Ein abgestorbener Baum mit einem Strauch. Ganz ruhig bleiben, wenn hier Posten stehen, sind sie besser versteckt! Ganz ruhig bleiben, deine Tarnung ist perfekt, Segel, Mast und Boot und Mann, alles in den Farben des Wassers.

Dicht unter Land muß er segeln, das Boot wird nicht schneller. Das Stralsunder Fahrwasser ist immer noch nicht erreicht. Ferne Geräusche, als plätschere jemand im Wasser herum, nahe am Vogelschutzgebiet. Wieder das Fernglas, da ist eine Schafherde, einige Schafe im Wasser. Ist da ein Schäfer? Sind die Schafe im Wasser, weil sie ihn bemerkt haben?

Er passiert die kleine Insel Gänsewerder, nun ist es noch eine Seemeile bis zur Südspitze Hiddensees. Aber die Leuchtboje der Stralsunder Ausfahrt und des Hiddensee-Fahrwegs sind nicht zu sehen, jedes einzelne Blinkzeichen hat er sich nach den Seekarten eingeprägt. Bald gibt es keinen Zweifel mehr. Alles ausgeschaltet! Damit hat er nicht gerechnet, daß man die Leuchtfeuer nur dann anstellt, wenn ein Schiff erwartet wird. Was für ein sparsamer Staat! Oder ist das irgendeine Sicherheitsmaßnahme? Keine Orientierung. Aber da ist die hell erleuchtete Helling der Volkswerft Stralsund, backbord voraus: der Fixpunkt im Süden, der ihm nun als Navigationshilfe dient.

Die alte Befürchtung, daß auf dem Gellen oder den anderen Halbinseln Grenzwächter sitzen können, weicht nicht. Aber er fühlt sich stärker in seiner Dunkeltarnung, seit er auf die Lichter der Volkswerft vertrauen kann, es ist ihm, als gäben ihm die Werftarbeiter Rückenwind, als werde das Boot schneller, und er will sich nun von keinem Baum oder Schaf oder Gewehrmann mehr schrecken lassen. Ungefähr eine Stunde und vierzig Minuten ist er unterwegs, als er an der Dünung und am aufgefrischten Wind merkt, daß er endlich aus den Flachgewässern heraus und in der Stralsunder Ausfahrt ist.

Er macht die Halse, indem er das Boot direkt vor den Wind legt, die Fockschot loswirft, sich mittschiffs setzt, die Ruderpinne in die Kniekehle klemmt, um die Hände für die Großschot freizuhaben, die Großschot dichtholt, gleichmäßig Hand über Hand, während er die Pinne mit dem Bein abstützt und dabei die Seite wechselt, dann den Großbaum mit der Hand erst mittschiffs, dann auf die Backbordseite legt, blitzschnell die Großschot fiert und gleichzeitig das Ruder gegenlegt, um dem starken Drehen entgegenzuwirken, und gleichzeitig anluvt, die Fockschot festbindet, die Schwerter ausfährt und nun nach West-Nordwest dreht, Stralsund im Rücken. Endlich macht das Boot Fahrt, der Seewind bläst ihm entgegen, jetzt geht es los mit den schwierigsten Wendemanövern. Der Nordwind steht genau auf der schmalen Ausfahrt zwischen den Inseln Hiddensee, die nun nördlich, und Bock, die nordwestlich von ihm liegt. Paul muß noch einmal über Stag gehen, mit dem Bug durch den Wind, weil der Wind genau von vorn kommt. Er legt die Pinne, zieht den Großbaum in die Mitte, taucht unter ihm durch, holt die Pinne mittschiffs, setzt sich auf die neue Luvseite, wechselt Schot- und Pinnenhand und trimmt das Segel, die Fahrt geht weiter. Zum Glück ist das Tarnsegel ein wenig kleiner als das gewohnte Großsegel, in etwas höherer See kann das offene Boot bei solchen Wendemanövern leicht ins Kippen kommen.

Stag **Drahttau zum Abstützen des Masts**

trimmt **bringt in optimale Position**

Plötzlich ist keins der beiden Leuchtfeuer mehr zu sehen, die Helling der Volkswerft von dem Wald des nördlich Stralsund in den Bodden ragenden Parower Hakens und der Leuchtturm auf dem Dornbusch auf Hiddensee von den Dünen und dem Küstenwald auf dem Gellen verdeckt, ebenso das kleine Richtungsfeuer auf dem Bock, das ihm den Weg in die offene See zeigen soll. Er kann keinen genauen Ort machen, nur noch vermuten, wo er sich befindet. Allein die Windrichtung, gegen die er kreuzen muß, zeigt den Norden an. Er geht so hoch wie möglich an den Wind, West-Nordwest, nun in der neuen Gefahr, in voller Fahrt auf die Insel Bock zu donnern. Dort liegt verdeckt in einer Bucht der sogenannte Kontrollpunkt, an dem alle einfahrenden und ausfahrenden Schiffe identifiziert werden und alle Segler mit der Ausnahmegenehmigung für die Ostsee, der PM 18, anlegen müssen, und dort, im Naturschutzgebiet, lauern die Grenzwächter.

hoch … an den Wind **kleinster Winkel zwischen Kurs und Windrichtung**

Alles schwarz, er sieht die Insel Bock nicht, er muß sich auf das Gefühl für Entfernungen und Geschwindigkeit verlassen und wendet nach wenigen Minuten. Mit dem Vorstag durch den Wind, das Großsegel legt sich von allein um, er holt das Focksegel auf die andere Seite, hält dabei die Pinne fest und geht wieder so hoch wie möglich an den Wind und segelt in Ost-Nordost-Richtung weiter, nun wieder auf Hiddensee, auf den Gellen zu. Die Sicht wird besser, fern der diffuse Lichtstreifen, das Land zeichnet sich kohlrabenschwarz vom mittelgrauen Himmel und vom dunkelgrauen Wasser ab. Die Fahrt sehr schnell, die Küste schon nah, noch einmal das schwierige Wendemanöver über Stag. Dann so hoch wie möglich am Wind nach West-Nordwest hinaus, Hiddensee im Rücken. Bei Nordwind nach Westen zu segeln, ist leicht, aber nach Westen darf er nicht, da kommt er zu nah an die Halbinsel Zingst voll mit Militär und Wachtposten, also bis Sonnenaufgang so nordwestlich wie möglich hinaus auf die See und am hohen Wind immer darauf achten, daß das Segel nicht zu flattern anfängt. Bald rucken die Schwerter hoch, er hebt sie ein Stück an, er weiß, das ist die große Sandbank vor der

Insel Bock, das letzte Hindernis vor der offenen See, auch das nimmt die Jolle mit Schwung, und immer auf dem vermuteten Kurs West-Nordwest gesegelt, was das Zeug hält mit fünf Knoten oder mehr. Der Spielkompaß, den er am Boden festgeklebt hat, hilft nicht, der ist in der Dunkelheit nicht zu lesen. Die Taschenlampe anknipsen, das ist so nützlich wie ein Schuß mit der Pistole in den Kopf, er kann nur am Wind navigieren und hoffen, daß der immer noch von Norden bläst.

Paul merkt plötzlich, alle Angst ist gewichen: Er ist auf hoher See, er ist draußen! Die Grenztruppen können ihn immer noch schnappen, selbst auf internationalen Wasserstraßen dürfen sie auf Flüchtlinge schießen, aber er hat sein erstes Ziel geschafft, unerkannt und trotz schwierigster Wendemanöver auf See zu kommen! Die Angst vor der Blamage ist weg, daß irgendwo am Strand oder an der Stralsunder Ausfahrt oder am Bock die Kerle stehen mit ihren Maschinenpistolen und einen verhöhnen: Freundchen, dich haben wir schon lange belauert, nicht mit uns! Da mußt du früher aufstehen! Wir sind klüger als du, Gompitz, wir sind raffinierter, wir haben die sozialistische Weisheit gefressen! Nein, er hat sie überlistet, er ist aus den Binnengewässern heraus, zum ersten Mal auf hoher See aus dem Ländchen heraus und alles ganz allein geschafft, das ist der Erfolg!

Im Rücken das große Hiddenseefeuer vom Dornbusch, backbord das Richtungsfeuer der Insel Bock. Um den Kurs zu halten und der Küste der Halbinsel Zingst nicht zu nahe zu kommen, muß er, auf der Steuerbord Back sitzend, die Pinne unter dem Arm, immer wieder den Hals verrenken. Die Jolle flutscht über die Wellen, der Wind ist ideal, das Leuchtfeuer vom Dornbusch begleitet ihn und wird schwächer, Adieu, ihr Freunde am »Klausener«, das Wiedersehen feiern wir nächstes Jahr! Er wird ruhiger, aber er muß achtgeben, nicht zu nah an das Zingster Land zu geraten.

Allmählich, gegen drei Uhr, wird es diesig und etwas heller, endlich der Kompaß zu erkennen im diffusen Morgenlicht, der Kurs stimmt. Ringsherum Dunst, kein Schiff, keine Küste zu sehen. Er genießt ein nie gefühltes Vergnügen: Von der DDR ist kein Zipfel zu entdecken, der erste deutsche Arbeiter- und Bauernstaat mit Mauer und Stacheldraht liegt wie versunken backbord irgendwo im Morgennebel. Nur oben auf dem Tarnsegel gibt es, schwarz auf Blau versteckt, noch die real existierenden Buchstaben DDR.

Weiter West-Nordwest, so entfernt er sich nach und nach von der ostwestlich gestreckten Küste. Er kann nur hoffen, daß am frühen Morgen weit draußen fünf oder acht oder zwölf Seemeilen vor Zingst und dem Darßer Ort kein Grenzboot patrouilliert. Er sagt sich immer wieder: Am Land haben sie ihre Türme und Posten, wer rechnet schon mit einem so verrückten Segler wie dir, so weit draußen, so gut getarnt, bei schwacher Sicht, um diese Zeit, es kann dir nichts passieren!

Steuerbord taucht ein Schiff auf, ein Dampfer, rollt näher heran, bald ist das sowjetische Rot zu erkennen, ein Wolgobalt, ein seegehendes Flußschiff, das sich nicht an das vorgeschriebene Fahrwasser hält, sondern die Abkürzung durch die flacheren Gewässer nach Rostock nimmt, um Brennstoff oder zwei Stunden Zeit zu sparen. Etwa anderthalb Seemeilen entfernt segelt Gompitz vorbei. Er vertraut seinen Tarnfarben und hofft: Selbst wenn ein müder russischer Steuermann frühmorgens gegen halb fünf die kleine Jolle entdeckt, wird er keinen Aufstand machen, weil er selber auf verbotener Strecke fährt.

Kurs halten, Kurs halten! Weil er immer noch hoch am Wind segelt und mit überraschenden Böen rechnen muß, die eine Jolle leicht umwerfen, hält er die Pinne mit dem Ausleger unter die linke Achselhöhle geklemmt, das Großschot unter der anderen Achsel, so sitzt er, immer darauf gefaßt, bei einer Bö schnell das Schot loszulassen und den Druck aus dem Segel zu nehmen, auf der Back, die Beine ausgestreckt, den rechten Fuß im Fischerhalsband, um sich heraushängen zu können. Er arbeitet schwer. In die Freude, es fast geschafft zu haben, schlägt die Müdigkeit. Er merkt, daß er für Sekunden einnickt. Da sich bei jeder kleinen Kursänderung etwas bewegt, wacht er sofort auf. Bei hoher See könnte er sich den Sekundenschlaf nicht erlauben, doch die Windstärke, die er auf vier schätzt, ist nicht gefährlich.

Auf der See sind die Grenzen unsichtbar, aber Paul hat die Seekarte der westlichen Ostsee genau im Kopf. Er muß den sogenannten Zwangsweg für die internationale Schiffahrt kreuzen, die breite ausgetonnte Fahrwasserstraße zwischen Dänemark und der DDR. Sein Gefühl erhöht sich, als er einen großen Dampfer, einen Holländer, den Kurs ändern sieht. Er segelt näher heran, eine riesige Boje markiert den Knick des Fahrwassers, den er angesteuert hat. Hier ist die DDR zu Ende, nur für die Grenzdurchbrecher reicht die DDR noch viele Seemeilen weiter, da die Grenztruppen mit ihren Wachbooten das sogenannte Recht der Nacheile haben bis vor die dänischen Territorialgewässer.

Es ist gegen sieben, der Dunst verschwindet, die Sonne kommt heraus, der Wind flaut ab, Paul segelt an leuchtroten Bojen vorbei aus dem Zwangsweg heraus. Weit entfernt die großen Frachter, keine Grenzboote. Heftiger packt ihn die Müdigkeit. Er ißt zwei seiner Brote, trinkt etwas Tee. Großsegel und Fock werden schlaffer. Er kann nur sitzen und warten, den Kurs halten und versuchen, wach zu bleiben. Die dänische Küste am Horizont. Er hat es geschafft, er bleibt ruhig. Er hat schon so viele Male triumphiert in dieser Nacht und ist zu müde für neue Hochgefühle. Er zieht die Anglerhose aus, schmeißt sie über Bord, klopft seinem Boot aufs Heck und sagt: »Danke!«

Der Nordwind hat seine Arbeit getan und ihn aus der DDR herausgeholt und bis in die dänischen Gewässer geschoben. Nun streikt er. Die Jolle dümpelt dahin. Paul steuert die Gedser Odde an, das Kap im Südosten der Insel Falster, markiert durch den hohen Hafenturm. Er ißt zwei Bemmen, trinkt vom gewässerten Rotwein. Etwas erinnert ihn an die Militärzeit: die Stunden totschlagen, ein fernes Ziel vor Augen. Er hat Glück gehabt damals, lustlos und unsoldatisch vor der russischen Haubitze K 3 gestanden, Tag und Nacht den albernsten Befehlen ausgeliefert, und dann als Leser in der Regimentsbibliothek aufgefallen und darum zum Regimentsbibliothekar ernannt, Bücher ordnen, zwischendurch lesen. Eine angenehme Tätigkeit, nur durchsetzt von der normierten Zeit, von dem Gefühl: Hier mußt du durch, Ungeduld nützt nichts, das schlimmste in der Armee die Langeweile, das Warten auf den abzählbaren Entlassungstermin, 283 Tage, 282 Tage, 281 Tage, irgendwann ist es vorbei, mit einem Krieg und einer Katastrophe ist nicht mehr zu rechnen. So kommt es ihm mitten in seiner triumphierenden Müdigkeit auch jetzt vor, als das Boot Meter um Meter in Richtung Gedser gleitet: Irgendwann wirst du entlassen!

Bemmen Butterbrote

Haubitze Geschütz schwereren Kalibers

Für die letzte Strecke vom Zwangswegknick bis Gedser, etwa zwölf Meilen, braucht er fünf Stunden. Am Schluß fährt er fast langsamer als nach dem Start um Mitternacht. Als er den Schatten des Leuchtturms erreicht und sein 86 km langer Törn zu Ende geht, setzt er die schwarzrotgoldene Flagge mit Hammer und Zirkel, stellt sich aufrecht vor sein Segel, auf dem die Buchstaben DDR neben der Nummer prangen, und läuft, aufgeregt und stolz, zum ersten Mal in seinem Leben ein westliches Land zu erreichen, ganz langsam um 12.15 Uhr in den Hafen ein. Zu spät merkt er, daß es nicht der Seglerhafen, sondern der große Fähr- und Fischereihafen ist. Ein Polizeiwagen erwartet ihn.

11

– *Gratuliere!*
– *Dieses war der erste Streich …*

Gewohnt, sich vor jeder Uniform zuerst einmal auszuweisen, streckt Paul Gompitz den Polizisten nicht seine Hand, sondern den Personalausweis entgegen. Er nimmt die Segel herunter, bändselt sie an und läßt sie liegen, weil die Dänen zur Wache drängen. Sie bieten Kaffee an und fragen »Woher?« und »Wohin?« Sie beglückwünschen ihn nicht, sie schimpfen nicht, sie sprechen freundlich. Nach einer halben Stunde wagt Paul zu fragen: »Darf ich meine Frau anrufen?«

Sie schieben ihm das Telefon hin, nennen die Vorwahl, aber die Verbindung zur Bibliothek Warnemünde kommt nicht zustande.

»Und jetzt, Herr Gompitz?« Er wolle das Boot in den Seglerhafen bringen, sagt er, die Segel ordentlich bergen, seine Brote essen, den Rotwein austrinken, schlafen und am nächsten Tag über den Fehmarnbelt vor der ostholsteinischen Küste nach Travemünde segeln. »Das geht nicht, das ist zu gefährlich, die DDR-Boote liegen im Fehmarnbelt, das verbieten wir Ihnen. Sie nehmen die nächste Fähre, entweder nach Warnemünde zurück in die DDR oder nach Travemünde.« Zu müde, dem Befehl zu widersprechen, begräbt er die schöne Vorstellung, in sicheren westlichen Gewässern mit dem DDR-Segel und der DDR-Fahne den Wachhunden der DDR die Parade abzunehmen. Noch einmal gefragt, Travemünde oder Warnemünde, verzögert er die Antwort keine Sekunde. Sie telefonieren mit dem Bundesgrenzschutz, klären die Passage, die Uhrzeit, die Bezahlung. Es irritiert ihn die Routine, mit der sie ihn aufnehmen und weiterschicken, als kämen jeden Tag mehrere Segler aus der DDR in Gedser vorbei. Er fühlt sich gut behandelt von den Männern in dunkelblauen Uniformen, so locker und freundlich hat er noch keine Polizisten erlebt. Bisher sind ihm die Uniformmenschen lästig gewesen, nun hat er das Gefühl, ihnen lästig zu sein.

Sie stellen ihm einen Trailer zum Transport der Jolle zur Verfügung. Beim Abtakeln des Schiffes muß plötzlich alles schnell gehen, und dem müden und bedrängten Gompitz bricht der Großbaum aus der Halterung und reißt. Er ärgert sich über die Dänen und, weil er seine Retter nicht beschimpfen will, mehr über sich selbst. Zu zerschlagen vom Erfolg, um den Verlust laut zu bejammern, sagt er nichts, als das beschädigte Boot aus dem Wasser gezogen und zur Fähre gebracht wird.

Noch einmal fragen sie: »Wollen Sie wirklich in die Bundesrepublik? Sie können auch in die DDR zurück, die Fähre liegt da drüben!«

»Nein, ich weiß genau, was ich will.«

Gegen 19 Uhr legt das Schiff ab, zu spät fällt ihm ein, daß er im Ärger um das Boot das Telefongespräch mit Helga vergessen hat. Paul spürt zwischen Dänen, Schweden und Westdeutschen auf dem feinen Schiff die abschätzigen Blicke auf seine Kleidung, seine Bartstoppeln, seine Müdigkeit. Wenn die wüßten, was du hinter dir hast, wie würden sie dich feiern als Helden des Tages!

Er kneift die Augen zu, so blendet ihn alles, das glänzende Messing, das hellere Weiß, die Reklamebilder, er schaut sich, eher benommen als neugierig, überall um in diesem riesigen, schwimmenden Interhotel. Die Snackbar ein Paradies für sich, er legt den ersten Hundertmarkschein hin, um ein Sandwich mit Schinken zu essen und das Tuborg-Bier zu trinken, das er sich dreißig Stunden zuvor in einer anderen Welt versprochen hat. Das Restgeld zählt er genau.

Der Abend dämmert, er blickt weit auf das betongraue

Meer hinaus, nur den einen starren Gedanken im Kopf: Dieses Meer, du hast es gemeistert! Er legt sich auf eine Bank, die Augen fallen ihm zu, er weiß seine Gefühle nicht zu fassen, tausend Wünsche, Hoffnungen, Vorsätze kreuzen sich mit einer unendlichen Erschöpfung.

Er ist der letzte, der eine Stunde vor Mitternacht das Fährschiff verläßt, erhoben vom Gedanken: Dies ist der erste bundesdeutsche Boden, den ich betrete! »Sie sind Herr Gompitz? Guten Abend!«, sagt ein junger Mann in der grünen Bundesgrenzschutzuniform und streckt ihm die Hand entgegen. Diesmal greift Paul die Hand und läßt den Ausweis in der Tasche. Die Beamten schieben den Trailer mit der Jolle. In ihrem Büro schenken sie Kaffee ein, bieten Zigaretten an und lassen sich die Geschichte erzählen, und er, der über 40 Stunden nicht geschlafen hat, wird für ein, zwei Stunden hellwach, weil sie seine Leistung mit Staunen und fachmännischen Fragen nach Wetter und Navigation feiern. Mal hören ihm drei Beamte zu, mal fünf, mal acht, wer gerade nichts anderes zu tun hat, schaut herein, aber keiner fertigt ein Protokoll an. Es wundert ihn, wie leger das hier zugeht. Er darf ein Telegramm an Helga diktieren, das sie für ihn aufgeben: HERZLICHE GRÜSSE AUS TRAVEMÜNDE, BRIEF ODER TELEFONAT FOLGT. PAUL. Gegen halb zwei bringen sie ihn zu einem kleinen Hotel, wo ein Zimmer reserviert ist.

Schlafen will er, nichts sonst, aber er findet keine Ruhe, steht wieder auf, geht hinaus auf die Promenade, atmet die westliche Ostseeluft, und immer hämmern die Worte durch den Kopf: Ich bin im Westen! Ich bin im Westen! Ich bin im Westen! Dazwischen die beiden Vorsätze: Du mußt Helga anrufen! Du mußt dich so verhalten, daß du auf jeden Fall wieder zurückfahren kannst!

Gegen vier schläft er ein, wacht um halb sechs wieder auf von dem Gedanken: Du mußt Helga anrufen! Er wartet bis halb sieben, geht zu einer Telefonzelle vor dem Hotel, achtundvierzig Stunden sind seit dem gemeinsamen Frühstück mit dem Seewetterbericht und der Musik des Deutschlandfunks vergangen, und ruft zu Hause an: »Helga, ich bin in Travemünde, ich mache jetzt meine Italienreise, mach dir keine Sorgen, mein Liebes, ich komme wieder, ich komme bald zurück.« Sie sagt nichts. Er hört ihr kurzes Schweigen, ihre verschluckten Worte, dann legt sie auf.

Beim Frühstück kann ihn die ungewohnte Vielfalt der Brötchen und Marmeladen nicht locken, Helgas Stummheit verdirbt ihm den Appetit. Später telefoniert er mit der Cousine in Solingen: »Ja, Paul ist hier, in Travemünde, mit dem Boot bin ich raus, ja, einfacher als du denkst.« Sie freut sich immerhin, fragt, wann er komme. »So schnell nicht, ich will erst mal in Hamburg bleiben und hier im Norden Geld verdienen, ich muß ja sparsam sein und kann nicht hin- und herfahren, aber schick mir den Koffer mit der Kellnerkleidung und das Geld vom Sparbuch nach Hamburg.« Er nennt die Adresse von Helgas Verwandten, bei denen er zuerst ein Bett zu finden hofft.

Vor dem Hotel treten zwei Männer auf ihn zu.

»Herr Gompitz, können wir Sie mal sprechen?«

»Ja, von mir aus, Sie sind wohl die Herren, die mir vom Bundesgrenzschutz schon avisiert wurden?«

»Ja, wir wollten mit Ihnen mal sprechen.«

»Können Sie sich ausweisen?«

Sie ziehen einen Ausweis mit Bundesadler und Stempel drauf, Bundesamt für Befragungswesen.

»Direkt dem Bundeskanzleramt unterstellt.«

Sie fordern ihn auf zu folgen.

»Moment mal, können wir nicht, wenn wir uns unterhalten, in ein Café gehen hier irgendwo?«

»Nein, das machen wir lieber nicht, da sitzen immer irgendwelche Leute von der Presse rum, die kriegen manchmal was ins falsche Ohr, das geht niemanden was an. Wir fahren nach Hamburg in unsere Dienststelle, und dann bringen wir Sie gleich nach Gießen.«

»Moment, wieso nach Gießen?«

»Da ist die zentrale Aufnahmestelle für Flüchtlinge aus der DDR.«

»Das weiß ich! Aber nun mal schön langsam! Ich will doch gar nicht nach Gießen! Ich bin DDR-Bürger, ich bin gekommen, weil ich eine Deutschland- und Italienreise machen will, die man mir nicht genehmigt hat, ich will nicht nach Gießen, ich will nach Rostock zurück!«

Die beiden verstehen nichts, und Paul denkt: So sehen unsere auch aus, anders gekleidet, aber ähnlich stupide und arglistig höflich. Der eine geht zur Telefonzelle und telefoniert lange, nimmt dann den andern beim Arm.

»Hat sich erledigt, Herr Gompitz, ist ein Mißverständnis. Sie können hier machen, was Sie wollen, Sie brauchen sich nicht zu melden, Sie sind frei. Vergessen Sie das alles.«

Beide drehen ab, beschleunigen die Schritte, er ruft ihnen nach: »Moment mal! Wie ist denn das, kann ich auch arbeiten hier?«

»Sie können machen, was Sie wollen, Sie können arbeiten, wo Sie wollen.«

Schon sind sie um die Ecke, wie Ganoven auf der Flucht.

Der Hafenmeister verlangt, die Jolle so schnell wie möglich vom Fährhafen zu einem Liegeplatz im Yachtclub zu bringen. Paul läuft dort hin, schaut sich um, ein Angestellter des Clubs zögert trotz der gestempelten Papiere die Zustimmung hinaus, und als der Rostocker mit dem sächsischen Dialekt noch einmal sein Woher und Wohin erklärt, schnauzt der andere ihn an: »Was wollen Sie eigentlich hier, gibt doch schon genug Arbeitslose!«

Paul stottert, er wolle ja nur die Jolle hier liegenlassen, bis er sie verkauft habe, er brauche Geld. Dann fragt er: »Gibt es einen Anwalt hier im Club?« Man nennt eine Adresse, und sofort ruft er diesen Mann in Lübeck an, um alle rechtlichen Möglichkeiten für die Rückkehr nach Rostock auszuschöpfen. Kaum hat der Anwalt gesagt »Kommen Sie einfach mal vorbei, wenn Sie in Lübeck sind«, fragt Gompitz schon nach den Bussen nach Lübeck und fährt los, verwundert, wie viele DM die Tour kostet.

In Lübeck scheint ihm alles wie ein Bilderbuch, das helle Weiß der Fensterrahmen, das Ziegelrot der Häuser und Kirchen, die Schaufenster, alles irgendwie fertig und, obwohl Sommer, weihnachtlich: alle Wünsche erfüllt. Der Anwalt wirkt belästigt und will nicht begreifen, daß ein gestern geflohener DDR-Bürger so bald wie möglich wieder in die DDR zurückkehren möchte. Und er merkt, daß der Mann von drüben kein Geld hat.

»Wenn Sie Kosten haben, Herr Anwalt, ich möchte mein Boot verkaufen, mit dem ich über die Ostsee gekommen bin, das ist ja nun eine gewisse gesamtdeutsche Requisite, vielleicht interessiert sich jemand dafür.«

»Wie groß, Baujahr, wieviel Segelfläche, Schwerter, Kajüte?«

Gompitz gibt Auskunft, erwähnt den angebrochenen Großbaum.

»Na, da sehe ich keine großen Möglichkeiten. Aber wir können es ja versuchen. Wenn Sie mich damit beauftragen, müssen Sie mir diese Vollmacht unterschreiben.«

Obwohl schwankend in seiner mitgebrachten Ansicht, ein Anwalt sei ein Rechtsbeistand für die Unschuldigen und Armen, unterschreibt Paul und fragt nach dem nächsten Postamt.

Dort gibt er Telegramme an die vier Adressen auf, denen er

zwei Abende zuvor von Neuendorf auf Hiddensee die Sicherheitsbriefe geschickt hat: BIN RAUS, BITTE SCHREIBEN AN MINISTERIUM STOPPEN. GOMPITZ. Über die Preise im Westen hat er einiges gewußt, aber daß auch die Telegramme so teuer sind, schockiert ihn. Hättest besser vier Briefe schicken sollen, die wären immer noch vor den Briefen aus der DDR bei den Leuten! Er fährt nach Travemünde zurück und bedauert sich für das viele Geld, das er an seinem ersten Tag schon ausgegeben hat.

Öfter als an das Geld und die Jolle denkt er an den Hieb, den Helga ihm versetzt hat. Den Wunsch, nach Italien zu reisen, hat er nie verschwiegen und oft genug, meint er, den Vorsatz mitgeteilt, noch vor dem 50. Geburtstag dies Ziel zu erreichen durch Drängelei bei Behörden und Paßämtern. Er hat sich in längeren Sätzen entschuldigen wollen und erklären, warum ihm nichts anderes übriggeblieben sei als heimlich den Grenzdurchbruch vorzubereiten. Auch wenn er keinen Glückwunsch erwartet hat, ein verständnisvolles Wort vielleicht doch. Er hat ihr wieder und wieder versichern wollen, so schnell wie möglich wiederzukommen. Sie muß dich doch kennen, um dir die verrückte Tat zuzutrauen, daß du für Syrakus dein Leben riskierst! Wieder, vermutet er, ist die alte Weiberangst im Spiel, daß die Männer, die in die Ferne streben, nicht zurückkommen und ihre Frauen verlassen. Oder ist es die Stasiangst? Warum läßt sie sich von denen so einschüchtern, warum kann sie nicht seine Parole übernehmen: Die Stasi ist schlimm, aber schlimmer ist die Angst vor der Stasi?

Trotz solcher Gedanken fällt er in seiner zweiten Travemünder Nacht endlich in tiefen Schlaf. Beim Frühstück am Freitag morgen findet er in den »Lübecker Nachrichten« unter der Überschrift »Gastwirt aus Rostock flieht über Ostsee« eine achtzeilige Notiz, in der er als DDR-Flüchtling bezeichnet wird. Geschmeichelt und entrüstet ruft er bei der Zeitung an.

»Hören Sie mal, so kann das nicht stehenbleiben, ich bin kein Flüchtling, ich ertrotze mir nur eine Deutschlandreise und eine Italienreise.«

»Das ist ja hochinteressant«, sagt der Redakteur, nachdem er Pauls Erklärung angehört hat, »können wir darüber mal mit Ihnen sprechen?«

»Ja, kommen Sie nur, das ist mir wichtig, das mit dem Flüchtling muß ich unbedingt dementieren.«

Man trifft sich im Garten des Yachtclubs, der Redakteur rückt mit Fahrer, Fotografin und Tonbandgerät an und hat viele, viele Fragen. Paul berichtet ausführlich über seine Motive, sagt nichts über den Fluchtweg und wenig über seine Vorbereitungen. Der Redakteur schlägt vor, Helga in Rostock anzurufen.

»Paul, ich kann mich jetzt nicht mit dir unterhalten, hier ist die ganze Wohnung voller Leute«, sind Helgas einzige Worte, bevor sie auflegt. »Warte!«, sagt er, aber zu spät, einen Stasimann ans Telefon zu bitten, um dem seine lauteren Absichten zu erklären.

Am Samstag kann man in Lübeck und Umgebung eine längere Story von einem Gastwirt aus Rostock lesen, der unbedingt nach Italien reisen will. Das Foto zeigt ihn mit Telefonhörer. Es steht nichts Falsches in dem Artikel, Paul findet jedoch die westdeutsche Sprache fürchterlich, am meisten ärgert ihn, daß sie seine »Bildungs- und Pilgerreise« in eine »Traumreise« umgelogen haben. Aber das wichtigste steht nun gedruckt: daß er Geld verdienen, nach Italien bis Syrakus und dann wieder nach Rostock will. Er kauft sich fünf Zeitungen und schickt, um seine Absicht den zuständigen Stellen mitzuteilen, einen Ausschnitt an die Ständige Vertretung der DDR in Bonn, einen an die Adresse des Stellvertretenden

Staatsratsvorsitzenden Egon Krenz nach Berlin, einen an den Anwalt in Rostock. Auf der Straße erkennen ihn manche Leute und grüßen, sogar zwei Polizisten, die mit einem Trailer unterwegs sind. Gompitz hält sie kurzerhand an und bittet sie, seine Jolle vom Skandinavienkai zum Yachtclub zu bringen. Den Polizisten ist es eine Ehre zu helfen.

Am freundlichsten sind die Wirtsleute im Hotel, sie berechnen pro Nacht nur 32 DM, nachdem die Bundesrepublik Deutschland durch den Bundesgrenzschutz die erste Übernachtung spendiert hat, eine Dachkammer mit Badbenutzung auf der Etage. Das Frühstücksbuffet findet Paul unerhört: Man kann nehmen so viel man will, alles im Preis inbegriffen. Erst nach und nach leuchtet ihm ein, daß es teurer ist, einzeln zu servieren und die Ware ständig zu kontrollieren, abzuzählen und jedem Gast zuzuteilen. Er beginnt über die Vorteile eines familiären Betriebs gegenüber der planwirtschaftlichen Gastronomie nachzudenken. Eine Serviererin, die am späten Abend selbst in die Küche geht und dem Gast ein Wurstbrot macht, ist ein paar Kilometer hinter der Grenze unvorstellbar. Die fünf Leute hier arbeiten effektiver als zwölf Leute in einem vergleichbaren Hotel in der DDR. Paul zahlt, schüttelt allen die Hand und reist am Samstag mittag nach Hamburg weiter.

12

– *Welche Pläne hat er jetzt?*
– *Die 5000 DM, die er nach Solingen geschmuggelt hat, sind für Italien reserviert. Er will den Sommer über arbeiten, sich in der Bundesrepublik umschauen, Nordsee, Bremen, Rhein, Franken, und im Oktober, nach der Hitze, nach der Saison mit vielen Touristen und hohen Preisen, durch Italien reisen, im Winter in den Bayerischen Alpen kellnern, im Frühjahr vielleicht noch England besuchen und im Juni, nach einem Jahr, wieder Rostock ansteuern.*

Am Montag, seinem fünften Tag in Westdeutschland, betritt Paul Gompitz das Hamburger Arbeitsamt in dem Glauben, man werde ihm dort eine Arbeit vermitteln. Sein Traum ist Speisewagenkellner oder Steward auf den Schiffen nach England. »Kellner? Im Sommer? In Hamburg? Steward? Speisewagen?« Er fühlt sich ausgelacht von der Beamtin hinter dem Schreibtisch, er drängelt, »Ich brauche Arbeit, dies ist ein Arbeitsamt, hier ist mein Facharbeiterbrief als Kellner, Sie müssen doch irgendwas für mich tun, wie soll ich sonst …« und weicht nicht aus dem Büro. »Ich brauch nicht viel, ich wohne in einer Bundesbahnunterkunft für Streckenarbeiter für 11 DM die Nacht, ich muß doch von irgendwas leben.« Nach und nach erntet er ein wenig Mitleid, weil er sich als hilfloser und armer DDR-Bürger vorzustellen weiß, und endlich ist die Beamtin so freundlich, bei verschiedenen Ämtern an der Küste herumzutelefonieren. Aber die Kellnerjobs für die Saison sind längst vergeben.

»Sie kommen zu spät«, sagt sie.

»Ich habe sieben Jahre mein Kommen vorbereitet, früher ging es nicht.«

Es bleibt eine einzige offene Stelle, in Heiligenhafen. Er ruft an, die Leute sind nicht begeistert, vielleicht wegen des sächsischen Dialekts, aber er macht sich auf den Weg. Der Koffer mit den Kellnersachen, von Rostock zu Herrn Tahematsu nach Leipzig und über Westberlin nach Solingen gewandert, ist von der Cousine sofort nach Hamburg geschickt worden und liegt nun in der Gepäckablage. Paul hat kein gutes Gefühl mit Heiligenhafen, steigt einfach in Timmendorfer Strand aus, sucht das Arbeitsamt, wird an das »Strandhotel« verwiesen und dort mit einem Saisonvertrag auf Probe angestellt. 10 % vom Umsatz, er kann sofort anfangen, ein Wochenende, verlängert um den Feiertag 17. Juni, Ausflugswetter. Es geht also doch, wenn du dir selbst vertraust! Das Restaurant ist von morgens bis abends voll, er schuftet und kann jeder Rechnung seinen Verdienst ablesen. Am Tag der Deutschen Einheit macht er ein Geschäft wie nie im Leben, besser als in der »Tonne« in Binz. Am Montag ist wieder alles leer, der Chef ruft ihn zu sich.

»Herr Gompitz, das wird wohl nichts mit uns. Ich habe den Eindruck, Sie packen das hier nicht. Ich muß Sie entlassen, aber ich brauche Ihnen das nicht weiter zu begründen, Probezeit, Sie wissen schon.«

Paul denkt an die 704 DM, die er in vier Tagen verdient hat.

»Na, wenn das so ist, muß ich wohl, dann zahlen Sie mich jetzt aus.« Der Wirt rechnet. »Genau 704 DM und 15 Pfennig, aber weil Sie keine Lohnsteuerkarte haben, muß ich Sie in Steuerklasse 6 einstufen.« Er rechnet und rechnet, bis ein Betrag von 233 DM übrigbleibt. »Sie kriegen hier eine korrekte Abrechnung, und später machen Sie den Lohnsteuerjahresausgleich, dann bekommen Sie das ganze Geld zurück.«

Aus dem größten Geschäft ist ein mieser Betrug geworden, hilflos protestiert er und fährt, wütend um die verlorenen 500 DM, nach Hamburg zurück.

Wenn du an der Küste nicht kellnern kannst und nicht in Hamburg, dann mußt du dein Glück in Bremen suchen, wozu hast du die schriftliche Einladung vom Bürgermeister der Freien und Hansestadt! Mit dem Brief in der Hand vom Bremer Hauptbahnhof zum Rathaus, dort vom Pförtner zu einem jungen Mann namens Bläschke geschickt, Referent für Presse und internationale Beziehungen beim Senat. Der schlägt die Hände über dem Kopf zusammen, daß der Kellner Gompitz aus der Partnerstadt Rostock es gewagt hat, die Einladung für bare Münze zu nehmen und unter Einsatz seines Lebens nach Bremen zu segeln und beim Bürgermeister anzutanzen.

»Ich werde, Herr Gompitz«, sagt er, »den Bürgermeister über Ihren Besuch informieren, wir freuen uns, daß Sie hier sind, aber es hat gerade einige Schwierigkeiten gegeben mit der Partnerschaft zwischen Bonn und Potsdam, und wir wollen natürlich nicht, daß wir Ihretwegen nun Scherereien mit Rostock kriegen.«

»Meine Wenigkeit«, versichert Gompitz, »wird die Partnerschaft der beiden großen Hansestädte nicht gefährden. Aber jetzt bin ich nun mal da, und ich würde gern, wo ich schon eingeladen bin, ein paar Tage hierbleiben und arbeiten, um Essen und Übernachtung bezahlen zu können. Auch wenn Sie keine Arbeit für mich haben, vielleicht können Sie mir helfen mit einem Bett oder einem Dach überm Kopf, für ein paar Tage, ich bin in der Beziehung ein bißchen unbeholfen, wie das so ist, wenn man zum ersten Mal im Westen ist.«

Bläschke telefoniert lange, danach erst fühlt er sich verpflichtet, dem Gast zu helfen. Anruf in der Jugendherberge, ein Einzelzimmer für sechs Nächte.

»Was ich Ihnen anbieten kann, eine Woche auf Kosten der Stadt hier zu wohnen, in der Jugendherberge, in der Zeit können Sie versuchen, Arbeit zu finden.«

Aber kein Amt, keine Stelle will zuständig sein für den unerwünschten Gast, und der Referent muß zwanzig Telefongespräche führen, bis die 108 DM für sechs Übernachtungen aus dem Sozialetat gesichert sind und bar ausgezahlt werden können.

Was ist los in diesem reichen Land, in dieser reichen Stadt, denkt Paul, als er unten vor dem Roland steht, da muß ein hochbezahlter Referent einen halben Tag herumtelefonieren, um 100 DM locker zu machen, damit ein armer Schlucker wie ich im billigsten Bett der Stadt eine Woche pennen kann!

In Bremen gibt es gute Arbeit, direkt auf dem Rathausplatz serviert der Rostocker Sachse und gewöhnt sich so rasch an die riesige Auswahl der Getränke und Essen wie an die Ungeduld der Gäste. An Regentagen heißt es: Heute kein Bedarf! Das stört ihn wenig, er besucht die Kunsthalle, das Überseemuseum oder in Bremerhaven das Schiffahrtsmuseum. Bremen gefällt ihm, er versucht, ein Zimmer zu mieten, aber immer, wenn er sagt, »Für zwei oder drei Monate«, winken die Vermieter ab. Die Jugendherberge aus eigener Tasche zu zahlen, ist ihm, auf den Monat gerechnet, zu teuer.

– *Er ist unruhig. Hat er sich das Leben in der Bundesrepublik leichter vorgestellt?*
– *Ja. Er zieht weiter, nach Borkum, Helgoland, zurück nach Hamburg. Dann besucht er den Bielefelder Bekannten, die Cousine in Solingen und steht eines Tages in Bonn.*

Im Ministerium für Gesamtdeutsche Fragen erklärt er einem Regierungsrat, er wolle zur Ständigen Vertretung der DDR, um dort mitzuteilen, daß er sich weiter als DDR-Bürger betrachte und nach seiner Italienreise wieder zurückkehren wolle. Ob die ihn verhaften könnten?

»Die haben die Rechte einer Diplomatischen Vertretung, aber ich glaube nicht, daß die Ihnen Gewalt antun werden. Und wenn, werden wir sofort intervenieren.«

»Gut, ich gehe jetzt rüber und lasse meine Sachen und die Ausweise und alles bei Ihnen, und wenn ich nach zwei Stunden nicht wieder da bin, können Sie ja mal anrufen.«

»Gut, Ihre Sachen können Sie beim Pförtner lassen.«

Also hinterlegt er Koffer, Ausweis, Geld und Dokumente und schlendert um die Ecke zu den DDR-Diplomaten.

Er muß zwei Kontrollen passieren, ehe er sich im Besucherraum mit den Worten vorstellt: »Ich bin der Paul Gompitz, der über die Ostsee gesegelt ist, ich habe Ihnen schon einen Brief und einen Zeitungsausschnitt geschickt.«

Man läßt ihn nicht lange warten, ein Mann mittleren Alters mit braunem Anzug unter dem verschlossenen Gesicht, Paul ordnet ihn vorsichtshalber der Stasi zu, bittet ihn in ein enges Zimmer.

»So, Sie wollen nach Italien? Sie sind illegal ausgereist über die Ostsee mit dem Segelboot, das ist schwerer Grenzdurchbruch, Herr Gompitz, Sie wissen wahrscheinlich, was das kostet.«

»Entschuldigen Sie, aber es war kein schwerer, sondern einfacher Grenzdurchbruch, weil ich weder in Gruppe noch mit falschen Papieren noch unter Mitführung gefährlicher Gegenstände noch im Wiederholungsfalle und auch nicht mit Beschädigung von Grenzsicherungsanlagen meine illegale Ausreise bewerkstelligt habe.«

»Das werden wir prüfen. Wissen Sie, für uns ist die ganze Sache vergessen, wenn Sie sofort zurückreisen, dann sage ich Ihnen jetzt hier ohne weiteres Straffreiheit zu.«

»Nee, das geht nicht. Ich muß erst mal nach Italien. Deshalb hab ich das alles doch gemacht!«

»Italien können Sie vergessen.«

»Ich gehe nur dann sofort zurück, wenn Sie mir hier einen Paß mit Visum für Österreich und Italien geben, dann brauch ich nicht durch die BRD, dann kann ich im Herbst in aller Ruhe wie der alte Johann Gottfried Seume von Sachsen und Böhmen über Österreich nach Italien.«

»Seien Sie froh, Herr Gompitz, wenn ich Ihnen hier Straffreiheit zusichere, aber Italien können Sie sich wirklich abschminken.«

Die letzte kleine Hoffnung schwindet, daß diese Bürokraten vielleicht einmal über ihren Schatten springen und mit dem Rest ihres Verstandes seinen Wunsch nachträglich mit einem Visum legalisieren, vielleicht mit der einzigen Bedingung, keinen Wirbel mit der Presse zu machen. Paul muß sich zwingen, vor dem starrsinnigen Männchen ruhig zu bleiben.

»Sie denken immer noch, ich will weg aus der DDR. Was anderes können Sie sich wohl gar nicht mehr vorstellen. Ich fühle mich in der DDR zu Hause und ganz wohl, was mir fehlt, ist nur, daß ich nicht reisen kann. Nein, ich hab mir meine Reise nicht ertrotzt, um im Westen zu bleiben, in meinem Alter haut man nicht mehr ab. Überlegen Sie sich mein Angebot, geben Sie mir ein Visum!«

»Sofortige Rückkehr, was anderes gibt es nicht, Herr Gompitz!«

»Na gut, dann werd ich mir das noch mal überlegen, ich rufe Sie dann an.«

»Schön, aber ich rate Ihnen, lassen Sie sich nicht zuviel Zeit, das wird nicht besser für Sie!«

Paul passiert die Kontrollen, verläßt das Gebäude, blickt nicht zurück, holt seine Sachen aus dem Ministerium und fährt nach Hamburg.

Sechs Wochen arbeitet er, eine Woche hier, eine Woche da, das Geld stimmt, aber er sieht sich in Hamburg, je besser er dort Fuß faßt, desto mehr enttäuscht. Nur selten sticht ihn der

Gedanke, die Schwüre zur Rückkehr zu vergessen und doch im Westen zu bleiben. Er hat kein Flüchtling sein wollen, nun flüchtet er von einem Arbeitsplatz zum andern, nur um notdürftig leben zu können. Mit einem Koffer, mit DDR-Ausweis, ohne Steuerkarte, immer wieder die Arbeitskraft feilbietend, das ist bald kein Abenteuer mehr. Die Tricks, mit denen seine Arbeitgeber ihn und die Steuer betrügen, durchschaut er nicht, und immer weniger begreift er, daß er ihnen trotzdem dankbar ist. Selbst zu seinen Kollegen findet er keinen näheren Kontakt, mit einigen läßt sich während der Dienstzeit plaudern, mit den meisten nicht einmal das. Niemand interessiert, was andere erlebt haben, und selbst wenn der Rostocker Sachse seine Geschichte einmal andeutungsweise erzählen darf, gibt es nur ein kurzes Staunen, vielleicht ist man sogar amüsiert, aber alles scheint schnell vergessen. Italien begeistert niemanden, höchstens die Küche und die Sonne dort unten, aber mit Abendland und Seume darf Paul nicht kommen.

Anders als in der DDR, wo er ständig auf interessante Leute gestoßen ist, die aus den staatlichen Karrieren ausgestiegen oder ausgebootet sind und sich oben an der Küste als Kellner verdingen oder Geschirr waschen, Philosophen, Literaten, Spezialisten für Alt-Ägypten sogar, trifft er hier keinen Kollegen mit etwas Bildung und Einfühlungsvermögen. Er hat Freiheit gesucht und findet sich nun in größerer Einsamkeit gefangen als in der Zeit der Vorbereitungen. Helga, die er fast jede Woche am Telefon zu trösten versucht, mag er kein Wort darüber sagen.

Ich bin hier nichts, denkt er, als Sachse mit Bart bin ich ein Untermensch, und in meinen schäbigen, unmodischen Kleidern sehe ich wie ein herumreisender Penner aus. Ich hab es nicht gelernt, meine Arbeitskraft teuer zu verkaufen, ich hab immer gedacht, daß ich durch das viele Westfernsehen die

Bundesrepublik einigermaßen kenne und ihr vorbildliches Rechts- und Wirtschaftssystem, ich war froh, wenn wir nur ein Viertel davon hätten. Aber hier muß man mitlügen und hochstapeln, wenn man aufsteigen will, aber wohin steigt man auf, fast alle haben fast alles und trotzdem freut sich keiner so richtig am Wohlstand, alle klagen sie oder demonstrieren. Oder sind das nur meine dummen DDR-Gedanken? Oder ist das mein Heimweh? Die Sehnsucht nach dem Paradies Hiddensee? Auf dem Papier bin ich zwar auch ein Deutscher und kann mich auf das Grundgesetz berufen und kriege sogar einen Vorläufigen Hamburger Ausweis, hier steht mein Name neben einem Hamburger Stempel, aber ich werd das Gefühl nicht los, keiner braucht mich, keiner will mich, hier ist alles fertig, alles perfekt, aus den Häusern, aus den Vorgärten, aus den Intercity-Zügen, aus den Fußgängerzonen schreit es: Es ist alles in Ordnung! Es wird niemand mehr gebraucht! Schon gar nicht ein hergelaufener Ostmensch! Wir haben alles! Die Menschheit ist an ihrem Ziel angekommen! Du bist zu spät dran, Paul! Pech gehabt, im falschen Land geboren!

Früher als geplant möchte er in den Süden, aber ehe aus solchen Gedanken Entschlüsse werden, besucht ihn im August ein Freund aus Rostock, der wegen Geschäften mit Möbeln in den Westen reisen darf. Helga, berichtet er, leide furchtbar unter Pauls Täuschung, Flucht und ungewissem Aufenthalt, sie sei am Ende ihrer Kräfte, ein Nervenbündel, er fürchte fast um ihr Leben.

Alle Pläne wirft Paul um, nun darf er keinen Tag vertrödeln. Bayern und England werden gestrichen. Die Reise durch Süddeutschland und Italien soll nicht länger als sechs Wochen dauern. Statt im Juni 1989 will er bereits im Oktober wieder in Rostock sein. Er sagt es Helga am Telefon, er schreibt ihr: »Ich mache ganz schnell meine Italienreise und bin Ende Oktober wieder zu Hause.«

Seine 5000 DM tauscht er in Lire-Reiseschecks um, packt die Reisetasche, steckt zum Hamburger Personalausweis den DDR-Ausweis und den Jugendherbergsausweis und steigt mit einer Sparpreiskarte der Bundesbahn und einem Biglietto chilometrico für 3000 km Italien am 6. September in einen Intercity nach Süden, zur Eile getrieben von der Angst um Helga und glücklich in der Vorfreude, bald für die Mühen von sieben Jahren belohnt zu werden.

13

– *Spaziergang mit dem Intercity, na ja …*
– *Er ist in Eile, du auch. Überspringen wir also seine Erlebnisse und Spaziergänge in süddeutschen Städten. Am 11. September ist er in Wien, wo er sich wieder auf Seumes Spuren wähnen darf.*
– *Wieviele Jahre ist das jetzt her, daß er auf diesen Spuren war, als er von Prag nach Süden Richtung österreichische Grenze wanderte?*
– *Fünf Jahre. Der Umweg, den die Grenzen des 20. Jahrhunderts diktieren, ist immerhin glücklich beendet.*

Schönbrunn Schloss in Wien

Nachdem er Schönbrunn und andere Sehenswürdigkeiten besucht hat, schreibt er am Abend vor dem letzten Schritt nach Italien einen langen Brief. Er hat sich vorgesetzt, wie Seume Bericht von seiner Reise zu geben in längeren Briefen an Helga oder an Freunde in Rostock und im Erzgebirge. Was er schreibt, soll nützlich sein für alle DDR-Bürger, die ähnliche Reisesehnsüchte haben und denen er neben seinen Erlebnissen auch darstellen will, wie man, doppelt benachteiligt durch die wertlose DDR-Währung, mit wenig Geld im westlichen Ausland reisen, essen, übernachten kann. Nun beschreibt er die Fahrt von Nürnberg und seine Eindrücke von der österreichischen Hauptstadt. Er bemüht sich um eine feste, klare Handschrift, damit das Kohlepapier eine gute Durchschrift hinterläßt, denn eine Kopie will er auf jeden Fall behalten. Er träumt davon, die Briefe in einer erhofften Zukunft zu veröffentlichen, in der ein Reisepaß für DDR-Bürger keine Ausnahme mehr sein wird. Seine Absicht zur Rückkehr läßt er immer wieder anklingen, weil er damit rechnet, daß alles von der Stasi mitgelesen wird. »Italien!«, so schließt er den Brief an die Freunde, »Morgen Mittag falle ich über den Semme-

Semmering Alpenpass

ring, durch die Steiermark hinter Villach in Italien ein. Morgen sehe ich erstmalig in meinem Leben die Alpen und die Adria. Hoffentlich verschlechtert sich das Wetter nicht, damit ich die Alpengipfel bewundern kann.«

Nach einer in Aufregung halb durchwachten, halb unruhig durchträumten Nacht fährt er mit dem frühesten Zug, dem Eurocity »Romulus«, ins Gebirge hinein. Regenwetter, von den Alpen ist nicht viel zu sehen. Ein freundlicher Inder aus England sitzt im Abteil, die Fragen nach dem Woher und Wohin in dürftigem Englisch sind rasch erledigt, und Paul sieht sich in seiner gespannten Müdigkeit allein mit dem Reisegefährten Seume unterwegs. Für die Strecke von Wien durch die Ostalpen nach Triest im Januar 1802 hat der ganze 24 Tage gebraucht. Er schämt sich fast dafür, das erste Ziel, bequem sitzend, in achteinhalb Stunden zu erreichen. Du weißt, Seume, murmelt er vor sich hin, während der Zug durch die Wolken auf den Semmering steigt, ich wäre auch gern so gelaufen wie du, zwei Jahre Zeit und das Geld dazu, aber …

Seumes Route hat er genau im Kopf, eingebrannt seit Jugendzeiten, er will ihr nach Möglichkeit folgen. Dank Seume findet er sich ausreichend vorbereitet und verzichtet auf die teuren, dicken Reiseführer. Die einzige Landkarte, die er mitführt, ist eine billige Werbekarte des ADAC, auf der man die Eisenbahnstrecken mit der Lupe suchen muß. Eine Broschüre »Italienisch für Anfänger« soll im Notfall helfen, ein paar Höflichkeitsformeln, die Frageworte und Zahlen hat er in Hamburg gepaukt.

Der Himmel klart auf, an der Grenzstation Tarvisio hat er endlich den ersehnten freien Blick die Gipfel hinauf, Schneemuster auf Steilfelsen auf dem Hintergrund eines blendenden Blaus. Carabinieri mit Maschinenpistolen und finstere Zivilisten mit Fahndungszetteln stapfen durch den Zug, Paul reißt die Abteiltür auf und probiert seinen ersten Satz in italienischer Sprache: »Buon giorno, bella Italia!« Ein Polizist lächelt und sagt »Grazie!«, ein anderer wirft einen kurzen Blick auf den Hamburger Ausweis, und der Rostocker Sachse, das permanente Opfer aller sozialistischen Kontrolleure, hat das letzte Grenzhindernis hinter sich. Dafür richten die Bewaffneten allen Verdacht auf den Inder, prüfen seinen Paß, durchwühlen sein Gepäck, drehen ihn zur Wand, tasten ihn ab und fragen ihn aus.

Friaul Region im Nordosten Italiens

Diretto D-Zug

Der Zug rollt durch das Fellatal hinab ins Friaul. Das Flußbett voll mit umgestürzten Bäumen, Zäunen, Dachgebälk, umgestürzten Bäumen, als habe vor kurzem hier ein Unwetter getobt, jetzt schlängelt sich ein Bach durch die Trümmer. In Udine betritt Paul Gompitz, weil er in den Diretto nach Triest umsteigen muß, zum ersten Mal italienischen Boden. Gern möchte er, um sein Herz von den starken Gefühlen zu entlasten, noch einmal jemanden mit »Buon giorno, bella Italia!« ansprechen, aber er sagt die Worte nur leise vor sich hin. Als der Zug einfährt, stürzt zuerst eine Putzkolonne durch die Waggons, bringt in fünf Minuten alles auf Hochglanz, leert die Aschenbecher, fegt die Gänge, und Paul leistet sich den Gedanken: Das machen sie zu deinem Empfang!

Außer in den Felsen findet sich kein Grau in dieser Landschaft, die Häuser mattbraun, dunkelrot oder ocker, saubere Hinterhöfe, kleine Autos, sonnige Bergwiesen, alles ist neu für ihn. Die zögerliche Gewißheit, in Italien zu sein, hat sich schon beim Einsteigen in den »Romulus« eingestellt, dann an der Grenze und in Udine, aber als nun bei Monfalcone das Mittelmeer in Sicht kommt, weiß er seine Freude nur noch in zwei Sätze zu fassen: Du träumst nicht! Du hast es wirklich geschafft!

Die letzten 30 Kilometer hoch in den Felswänden über der Adria, ein herrlicher Ausblick auf blendend blaues Wasser, bei leichtem Wind rauh bewegt, der Segler weiß, hier weht der dalmatinische Fallwind mit vier Buchstaben, den man vom Kreuzworträtsel kennt, hier weht der Bora von den Bergen hinunter! Nun erreichst du Triest, wo auch Winckelmann, Schinkel und Seume das erste Mal aufs Mittelmeer blickten!

Winckelmann
→ Seite 220
Schinkel
→ Seite 220

Im »Ufficio turismo«, gleich am Bahnhof, läßt er sich eine Hotelliste zeigen und wählt das Hotel »Impero« im Zentrum, das billigste Zimmer soll 22 DM kosten. Ein stattliches, schönes Haus im K. u. K.-Stil, das Zimmer liegt unterm Dach im 4. Stock, riesig, viel Marmor, ein Doppelbett. Er findet sich fürstlich empfangen, bleibt nicht lange, läuft zum Hafen, trinkt ein Glas Wein, durchstreift die Straßen, stößt auf die Liftstation und läßt sich in die Höhe tragen.

Auf dem Aussichtsberg erschließt sich ein Panorama bis weit nach Venetien hinein, bei Vicenza die Gipfel der Alpen, davor die weite, schwingende Ebene. Die Marmorbrüche Istriens sind zu erkennen, nur Venedig bleibt hinter dem Horizont. Beim Rückweg von den Bergen hinunter wachsen ihm die Weintrauben entgegen, er bedient sich da und dort, bis er die Villen oberhalb der Stadt erreicht, wo diese Früchte, Inbegriff des Luxus für einen Rostocker, sogar in den Vorgärten und auf Spalieren wachsen.

Istrien
Halbinsel an der Adria

Er schreitet durch sein Marmorzimmer, er öffnet die Fenster, er atmet die weiche Luft des Meeres. Hier wirst du schlafen wie ein Fürst! Im Traum segelt er über das Mittelmeer und schwitzt als Kellner auf einer riesigen Gondel in Venedig.

Am Morgen wird den Hotelgästen eine kostenlose Stadtrundfahrt geboten. Bei kühlem Wetter kutschiert man einen schwerhörigen Briten, ein israelisches Ehepaar, dreizehn fröstelnde Italiener und Paul Gompitz in einem Panoramabus zur Festung und zum Schloß Miramare. Als er den Fremdenführer nach dem Haus fragt, in dem Winckelmann ermordet wurde, weicht dieser ihm nicht mehr von der Seite, erklärt, daß dies Haus schon um 1900 abgerissen wurde, und gibt all sein Wissen über die Habsburger und Venedig, über Schlösser und Kriege an den dankbaren, bildungshungrigen Deutschen weiter. Gefragt, wo er herkomme, kann Paul erzählen, daß er über die Ostsee geflohen ist, um Italien zu sehen. Der Fremdenführer übersetzt, nun ist Paul Gompitz die Attraktion und darf Auskunft über die Lage in der DDR geben. Ja, sagt er, genug zu essen, ja, gut gekleidet, viele Autos, aber die Leute sind nicht frei, im Reden, im Lesen, im Reisen. Man nickt, schüttelt ihm die Hand und geht auseinander.

In Triest gefällt ihm alles, die Lage, die Sehenswürdigkeiten, das Meer, die freundlichen Leute, und es ist nicht nur der Stolz, dieses Ziel erreicht zu haben, der ihm das Bild vergoldet. Schon nach einem Tag fühlt er, daß Italien ihn verwandelt, ja, daß er ein anderer Mensch zu werden beginnt. Er ist plötzlich kein DDR-Bürger mehr, kein Mitteldeutscher, kein Ostdeutscher, kein Zoni, kein Sachse. Er ist, was er nie gewesen ist, ein Tedesco, ein Deutscher, ganz einfach.

Abends schreibt er an Helga »Nun bin ich endlich in Italien, es erscheint mir noch immer wie ein Traum. Jahrzehntelang hatte ich das Wort Italien unter der Zunge, um es einer Zauberfee, die mir einen Wunsch offengelassen hätte, entgegenschleudern zu können. Der Rat der heidnischen Götter hatte beschlossen, mich in seinem Herrschaftsbereich freundlich zu empfangen. Der Windgott Aiolos ließ einen leichten Seewind über die dalmatinische Küste streichen, die Luft war klar, ich sah auf der Adria den scharfgeschnittenen Horizont. Über der Ebene Venetiens standen glasklar die Schneegipfel der Julischen Alpen. Die strenge Schutzherrin des Gastrechts, Juno, hatte die Hoteliers angewiesen, mich freundlich und wohlfeil zu beherbergen. Und Mercurius, der Gott der Händler und der Diebe, hat seine Klientel straff am Zügel. Sie haben mich bisher geschont. Nun hoffe ich, daß die weise Minerva meine Feder führt, wenn ich Dir von meinen Erlebnis-

Juno römische Göttin

Minerva römische Göttin der Weisheit und der Künste

sen in Italien erzähle.« Ausführlich berichtet er, was er seit Wien erlebt hat, und schließt: »Mein Liebes, wenn meine Reise nach Italien auch weiterhin so schön wird wie der Besuch in dieser Stadt, dann hat sich der Aufwand gelohnt, und ich komme als glücklicher, ausgeglichener Mensch zu Dir zurück.«

– *Jetzt Venedig?*
– *Er wird begeistert und betrogen und besänftigt wie jeder Tourist.*
– *Und was schreibt er?*
– *Zum Beispiel über das Essen.*

Nachdem er seine venezianischen Beobachtungen und Kenntnisse ausgebreitet hat, beschreibt Paul im Ristorante »Marco Polo« seinen Freunden ausführlich die italienischen Eßgewohnheiten und Speisekarten mit den Preisen und verschiedenen Gängen und zählt behutsam die dem DDR-Bürger weder bekannten noch erschwinglichen Genüsse auf. Das frugale Abendessen solle die Freunde aber nicht verdrießen oder zu Minderwertigkeitskomplexen treiben. Es sei ein Grundgesetz der Evolution, schreibt er, daß nicht der im Überlebenskampf Sieger bleibe, der das Feinste in sich hineinschlinge, sondern der, der am wenigsten benötige und sich mit Mangelsituationen am besten abfinde.

»Liebe Freunde, meine Gedanken gehen zu Euch in die DDR, was hättet Ihr gegeben, wenn Ihr diese Reise hättet mitmachen können, wie würden wir hier in unseren Erlebnissen und Eindrücken schwelgen! An der Nachbartafel hat sich ein piekfeines Damenkränzchen aus Schwaben niedergelassen und unterhält sich laut über den banalsten Quatsch. So ist die Welt – jedem das Seine. Vor mir an der Wand hängt das Bild des Odysseus, wie er mit seinen Schiffen von der Insel des

Insel des Aiolos die Insel Lipari

Lästrygonen → Seite 220

Aiolos kommend in Telephylos ums Haar von den Lästrygonen erschlagen wird. Doch hoffentlich kein schlechtes Omen für meine Rückkehr?!«

– *Weiter!*

Terni ca. 100 km nördlich von Rom

– *Ravenna, Adria, Terni.*
– *Warum gerade Terni?*
– *Dort haben alle großen deutschen Italienreisenden haltgemacht, ehe die Metropole Rom wie mit Hämmern auf ihr Gemüt einstürzte, Herder, Goethe, Seume, Schinkel, Mommsen, Nietzsche. Also legt auch Gompitz hier einen Ruhetag ein.*

Herder → Seite 221
Mommsen → Seite 221
Nietzsche → Seite 221

Am Abend möchte er sich am liebsten auf eine der mit Efeu und Wein beschatteten Restaurantterrassen setzen, aber da er die Preise kennt, sucht er ein sehr einfaches Lokal auf.

Ohne den Mund aufgetan zu haben, wird er vom Wirt auf deutsch angesprochen. Der Italiener erklärt, wo und wie lange und wie gut er in Deutschland gearbeitet und warum er mit dem Geld diese bescheidene Osteria eröffnet hat. Als der Deutsche die Küche lobt, spendiert der Italiener Campari und fragt den Gast, was ihn nach Terni getrieben habe. Der erzählt in knappen Worten seine lange Geschichte. Wie stolz wird der Mann aus Terni, als er hört, was dieser Deutsche für die Reise nach Italien, sein Land, riskiert hat! Wie stolz Paul, als er merkt, wie er die höchste Anerkennung des Italieners gewinnt! Wie verwirrt, als er begreift, daß ihm monatelang diese einfühlende, herzliche Anerkennung gefehlt hat! Dieser Gianni ist der erste Mensch, der seine Leistung zu würdigen versteht. Paul ist so gerührt, daß er sich sofort wieder zur Beherrschung zwingt. Er mag sich weder Sentimentalitäten noch den nun fälligen Rausch erlauben, er will sich für Rom schonen, alle Gefühle für Rom aufheben und am nächsten Morgen sehr früh aufstehen.

Noch vor Sonnenaufgang, gegen 6 Uhr, fährt er in einem Arbeiterzug in die Ewige Stadt hinunter. Er möchte über dem Latium die Sonne aufgehen sehen, so wie er es als Kind in Dresden in der Gemäldegalerie auf dem Gemälde von Tischbein bestaunt und in allen Einzelheiten sich eingeprägt hat. Nun sieht er das matte Morgenrot am Himmel, Pinienhaine, einzelne Villen, das Grün der Landschaft mit sanften Hügeln, dazwischen Ruinen antiker Bauten und Reste von Aquädukten, dazu im Hintergrund die Albaner Berge. Das Land zeigt sich ihm so, wie es auf den Bildern von Tischbein und Rayski vorgezeichnet ist, und er, das Kind, der Mann, bewegt sich mitten darin. Die Arbeiter im Zug und die häßlichen Betonschuppen des 20. Jahrhunderts in der Campagna draußen stören ihn nicht, eine Brücke ist geschlagen, die er immer gesucht hat, von der Phantasie zur Anschauung, von Dresden nach Rom, von der Vergangenheit zur Gegenwart, gesteigert in vier stolzen Silben: Ich! Bin! Jetzt! Hier!

Latium Landschaft um Rom

Tischbein → Seite 221

Rayski → Seite 222

In der Stazione Termini gibt er die Reisetasche ab, läßt sich ein Zimmer in der Pension »Galatea« vermitteln und läuft los. Drei Jahre zuvor hat er in Rostock aus dem »Lexikon der Antike« den römischen Stadtplan abgezeichnet und seitdem im Kopf, und da er weiß, daß der Bahnhof an der Stelle der Prätorianer-Kaserne liegt, findet er sich im modernen Rom gut zurecht. Zwischen Baustellen hindurch kommt er im Hinterhof eines Stadtpalais an, eine Marmortreppe führt in den 2. Stock, oben eine Sicherheitsschleuse aus Panzerglas. Er muß in die Schleuse hinein, klingeln, die hintere Tür schließen, dann erst geht die vordere auf. Längst hat er sich angewöhnt, nach der Preisverhandlung das Zimmer zu besichtigen, Licht, Wasser und Handtücher zu prüfen. Der Wirt ist freundlich, das Zimmer riesig, viel Marmor, und Paul, obwohl er sich eingesperrt fühlt, bleibt.

Prätorianer von Augustus aufgestellte Leibgarde

Der chaotische Straßenverkehr macht ihm zu schaffen,

keiner hält sich an Regeln oder Verkehrsschilder, jeder fährt oder parkt nach Belieben, Verbote gelten offenbar als Relikte der Tyrannei, ständig muß man als Fußgänger auf der Hut sein, all das geht dem DDR-Bürger, der selbst einige Verbote übertreten hat, um bis Rom zu kommen, entschieden zu weit. Dazu die Hitze von 35 Grad, das Hupen und Lärmen, mehr Dreck als im Norden, er flieht zur Engelsburg und in den Petersdom, der Atheist sieht die Menschen zu Hunderten zusammenströmen, die einen mit Kindern und Krüppeln, die andern mit Fotoapparaten, er sieht Schwarze, Weiße, Japaner, Philippinos, Polen, Deutsche. Es rührt ihn, wie sie sich bekreuzigen, niederknien und an etwas glauben oder so tun.

Engelsburg Mausoleum für Kaiser Hadrian, später Festung

Immer hektischer sucht er seine Einsamkeitsgefühle zu verdrängen, immer tiefer verstrickt er sich in seine Sehnsucht nach Helga. Angestrengt lenkt er die Aufmerksamkeit auf die Sehenswürdigkeiten, und seine Blicke schweifen fremden Frauen hinterher. Statt oben auf dem Pincio die wunderbare Aussicht auf die Stadt und die Piazza del Popolo zu genießen, starrt er wie alle Männer neben ihm auf den Parkplatz, wo langbeinige Schönheiten mit Miniröcken langsam aus kleinen Fiats steigen und mit aufreizendem Gang hinüber zur Villa Borghese flanieren. Er läuft hinterher, traurig und schwitzend. Hinter der Piazza Venezia beobachtet er eine hübsche Polizistin, welche die Autofahrer an der verbotenen Durchfahrt durch die Kaiserforen zu hindern versucht. Alle ihre Worte und Gesten vergeblich wie das Verbotsschild, die meisten halten nicht einmal an. Als die uniformierte Schöne merkt, daß sie einen geneigten Zuschauer hat, kommt sie verzweifelt auf Paul zu und spricht lebhaft auf ihn ein, um ihn um Hilfe zu bitten. Er versteht nur ihren Zorn über die Unvernunft der Autofahrer und liest die Bitte um Zuneigung aus ihren Augen. Ihm fällt nichts Klügeres ein, als ihr die Wange zu streicheln. Sie sagt nichts, begreift, daß er Ausländer ist,

Villa Borghese Gartenanlage auf dem Pincio

Kaiserforen nördlich des Forum Romanum gelegene Foren des Augustus, des Trajan u. a.

und schmiegt ihren Kopf sanft in seine Hand, ehe sie wieder an ihre vergebliche Arbeit geht. Er winkt und trottet zur Pension »Galatea« zurück. Das mußt du deinen Freunden erzählen: Ich tausche mit einer Polizistin, in Uniform und schwerbewaffnet, Zärtlichkeiten aus! So etwas gibt es wirklich nur in Italien!

Auch das Erlebnis mindert seine Traurigkeit nicht, es stößt ihn nur noch mehr in die Einsamkeit. Er hat das Höchste erreicht, was ein DDR-Bürger erträumen kann, ist auf eigene Faust bis an die Quellen der abendländischen Zivilisation vorgestoßen, hat etwas Zeit, etwas Geld und keinen Stasi-Aufpasser, kann die Seele baumeln lassen oder sich bilden, er ist frei wie nie, fort von allen lästigen Zwängen, und gleichzeitig völlig erschöpft und allein mit nie erwarteten Eindrücken und Erlebnissen. Alles schweigend aufzunehmen, überfordert ihn, und alles nur in Briefen festzuhalten, scheint ihm ungenügend. Er fühlt sich provoziert von dem lustigen Völkchen der Italiener, die ihre Zufriedenheit und ihr Glück aller Welt zeigen. Es ist ihm, als verhöhnten sie ihn, der diese Gelegenheit nicht hat und nur mit seiner nutzlosen Sehnsucht nach Helga und den Freunden aus Rostock und Sachsen allein ist. Gestört von der neuen Erfahrung, dort, wo er sich jahrelang hingewünscht hat, vom Wunsch geplagt zu werden, möglichst schnell wieder zu Hause zu sein, wird ihm die Ewige Stadt ein Alptraum.

Am Abend schreibt er an Helga. »Jetzt, mein Liebes, kommt mich eine große Traurigkeit an. Du bist nie dabei, wenn ich etwas Bedeutendes erlebe. Mein Liebes, ich hechele durch dieses herrliche Land, wenn ich irgendwo ankomme, Quartier habe und die ersten Eindrücke verkraften konnte, denke ich nur noch an Dich. Um mich herum sind alle Menschen glücklich und vereint, nur wir beide nicht. Wir sind getrennt durch die Umstände unserer Zeit, wenn es Dir ein Trost ist, möchte ich sagen, wie die klassischen Liebespaare der Geschichte. Ich dachte nun, in Rom würde die Fülle der Eindrücke meine Sehnsucht einige Tage vertreiben. Das ist ein Trugschluß! Aus der Stadt floh ich in die Ruhe des Parks der Villa Borghese, doch hier wurde mir meine Einsamkeit und Sehnsucht nach Dir erst richtig deutlich. Auf dem Weg von der Piazza Venezia über die Via Nazionale zurück in meine Pension wurde mir klar, daß ich in dieser lebendigen Stadt vor lauter Sehnsucht krank zu werden drohe. Morgen oder übermorgen reise ich weiter, bald bin ich dann in Syrakus, dem Ziel meiner Italienreise. Dann zähle ich die Tage, die mich von Dir trennen.«

Er schläft wenig in der heißen Nacht. Die Grenztruppen überlisten, überlegt er, das ist eigentlich relativ einfach gewesen, du mußtest dich nur in ihre Psyche und ihre Technik hineindenken. Und einfach war es, sich das Scheitern vorzustellen, wenn sie dich geschnappt und in den Knast geschmissen hätten, auch darauf warst du vorbereitet, ruhig bleiben, keine Angst zeigen, damit du nicht durchdrehst. Schwieriger ist es schon, seit du es gepackt hast, mit der Furcht, die Frau und die Freunde und die Heimat zu verlieren. Tag und Nacht von der Frage belästigt werden: Wie kommst du wieder zurück? Das ist anstrengender als du dachtest, aber damit war zu rechnen. Nur auf ein Problem warst du nicht vorbereitet: Wenn du kein Problem mehr hast. Wie sieht es in deiner Psyche aus, wenn du es gepackt hast? Wenn du monatelang weg bist von zu Hause? Wenn du hier in Italien von Stadt zu Stadt rauschst und die Italiener siehst bei ihrem ständigen Augengeficke? Und je weiter es weggeht von Rostock, desto schwerer werden dir die Schritte, desto unangenehmer das Gefühl in der Herzkruste, dich immer weiter von dir selbst zu entfernen, das alles war nicht geplant!

Nach dem Aufwachen beschließt er, Rom in 24 Stunden zu verlassen und die Italienreise so schnell wie möglich hinter sich zu bringen. In der Frühe am Forum geht es ihm besser, er fühlt sich am Geburtsort des Abendlandes, denkt an Cicero und all die berühmten Römer, die zwischen diesen Steinen gelebt haben, an die Horatier, die hier geschworen haben, nie wieder einen Tyrannen über die Stadt herrschen zu lassen, und an die tyrannischen Greise in Berlin und Moskau. Er besteigt den Palatin, geht hinüber zu den Caracallathermen und trifft vor dem Eingang, am frühen Morgen gegen 9 Uhr, eine junge Hure, die, nur mit Schuhen, Strümpfen und einem kurzen Kleidchen angezogen, gebückt an ihrem Schuhwerk herumnestelt und der Kundschaft den nackten Hintern entgegenstreckt, »Ventimila, compagno!«. Ehe Paul sich entschieden hat, hält ein Lieferwagenfahrer, winkt mit drei Scheinen, und die Frau hüpft in sein Gefährt. Unruhig und unaufmerksam läuft er durch die Stadt und auf den Gianicolo hinauf und sucht im Petersdom Erholung von Hitze und Lärm. Auf dem Rückweg schockiert ihn eine ältere Zigeunerin, die in schmutzigen Kleidern und mit dreckschwarzem Gesicht auf dem Trottoir der Via del Corso liegt, hilflos und verzweifelt, wie es scheint, mitten auf der Prachtstraße, kein Mensch kümmert sich um sie. In einigem Abstand bleibt er stehen, beobachtet die Passanten und beobachtet die arme Frau, den Kontrast nicht begreifend zwischen Eleganz und Elend. Erst abends in einem langen Brief an die Freunde vermag er seine Gedanken über Wohlstand und Armut, Staat und Vorsorge wieder zu ordnen.

– *Italien schnell hinter sich bringen, das hört sich nicht nach Traumreise an.*
– *Bildungs- und Pilgerreise! An Neapel fährt er vorbei, weil alles dreckig ist, aber in Taormina macht er Station.*

Cicero Marcus Tullius Cicero (106–43), römischer Staatsmann, Redner und Philosoph
Horatier → Seite 222
Palatin einer der sieben Hügel Roms
Caracallathermen Thermenanlage für über 1500 Badegäste
»Ventimila, compagno!« »Zwanzigtausend (Lire), Kumpel!«
Gianicolo Janiculum; Hügel des antiken Rom
Via del Corso Prachtstraße in Rom
Taormina Stadt über der sizilianischen Ostküste

Die Fahrt auf den Ätna kostet 70 DM, aber er sagt sich:
Wann wirst du wieder einmal auf den Ätna kommen?
– *Nun aber Syrakus!*
– *Am 26. 9. 88 schreibt er:*

»Liebe Helga! Seit zwei Tagen bin ich am Ziel meiner Reise, in Syrakus. Syrakus und die Insel Sizilien sind nicht nur das Armenhaus im wohlhabenden EG-Staat Italien, sie sind für mich auch über Jahrtausende überkommenes Hellas, Griechenland in seiner kulturellen Blüte. Syrakus ist immerhin die Stadt des Archimedes, auf Sizilien blühte, ein Jahrhundert vor Christus, eine dorische Hochkultur, die noch heute das Antlitz der Insel prägt.

Archimedes → Seite 222
dorische Dorer: altgriechischer Volksstamm

Mein Liebes, ich bin bei meinem unschuldigen Trip hier in einen Ameisenhaufen getreten, der meine Verarbeitungsfähigkeit von neuen Eindrücken einfach überfordert. ›Das Land der Griechen mit der Seele suchen‹, war im vorigen Jahrhundert ein geflügeltes Wort bei den Reisenden in den levantischen Raum. Nun erkenne ich, daß dies mehr erfordert, als aus der DDR heraus eine Italienreise zu ertrotzen. Das hier braucht Zeit und völlige Ausgeglichenheit, beides habe ich nicht!

levantischen Raum östliches Mittelmeergebiet (Levante: [Sonnen-]Aufgang)

Gestern morgen, die Bahnhofsuhr von Taormina zeigte noch Sommerzeit, fuhr der Nachtzug aus Rom pünktlich 6.17 Uhr ein und 6.19 Uhr weiter in Richtung Syrakus. Die rosenfingrige Eos tastete sich noch über den Horizont und strahlte den gigantischen Ätna an. Durch Catania mit seinen barocken Stadtpalästen aus der Bourbonenzeit fuhr der Zug eilends nach Süden. Catania, wie das gesamte Mezzogiorno, ist recht schmuddelig. Neben Unrathaufen blühen Rosen und überlagern mit ihrem Duft den Müll. Das ist das Phänomen: wegen der Trockenheit stinkt hier der Dreck nicht. Du wirst es nicht glauben wollen, aber es ist wahr: Das Land duftet

rosenfingrige Eos Bezeichnung Homers für die (Göttin der) Morgenröte
Mezzogiorno wörtlich: Mittag; Italiens Süden

trotz Unsauberkeit. Kothaufen werden von der Sonne in Tagesfrist zu Staub gedörrt und vom leichten Seewind in die Berge geweht.

Bei Augusta, in einer breiten Meeresbucht, wurde ich wieder daran erinnert, daß Italien ein bedeutendes Industrieland ist. In der Bucht, die Stadt selbst ist klein und auf der Landkarte kaum zu finden, drängen sich Hafenanlagen, Raffinerien, Industrien und Schiffe aus allen Ländern. Die Raffinerien verbreiten einen Gestank wie in Meuselwitz, und die Industrie macht die Luft unsauber wie in Ustí und in Neapel. Dann war ich nach zwei Stunden Zugfahrt in Syrakus. Nachdem ich in der Deposito bagagli al mano, was Handgepäckaufbewahrung heißt, wie jeder Europäer aus der Aufschrift erkennen wird, meine Reisetasche deponiert habe, begebe ich mich in die Stadt. Das alte Syrakus liegt auf einer Insel in einer breiten Bucht des Ionischen Meeres. Es ist erst 1/2 9 Uhr, doch die Hitze ist fast unerträglich, ich bin froh, in den tiefen Gassenschluchten der Altstadt Schatten und Kühlung zu finden. Syrakus hat als ständig bewohnte Stadt keine Bebauung aus der Griechenzeit mehr erhalten. Es gibt an der Schmalseite des die Stadt umgebenden Wassers, das jetzt mit einer breiten Brücke überquert wird, Reste einer altgriechischen Befestigung. Ansonsten bietet die Stadt ein Bild, das dem ihrer jüngsten Blütezeit, dem Barock, während der Bourbonenherrschaft entspricht.

Bourbonen
→ Seite 222

Eine Unzahl völlig erhaltener und lebhaft besuchter Kirchen und Paläste stehen hier. Es gibt in Syrakus natürlich auch einen Hafen, eigentlich sind es drei: einen Seehafen mit Fährterminal nach Malta, einen unübersehbaren Yachthafen und an der Ostspitze der Insel einen Militärhafen.

Auf einem unvorstellbar unordentlichen Werftplatz konnte ich den Bau eines ca. 80 Tonnen großen Holzschiffes bewundern. Der Kiel, die Seiten- und Decksspanten sowie der

Spanten **rippenähnliche Bauteile**

Balgweger längsschiffs laufende Balken
Helling Schiffsbauplatz

Balgweger waren schon fertiggestellt. Der Bau geschah ohne Helling, nur mit Abstützungen wie in den Zeiten des Odysseus.

Ich quartierte mich für 21 000 Lire (30 DM) pro Nacht – ohne Frühstück – in einer ›Grand Hotel‹ genannten Absteige ein. Eine herrliche Marmortreppe führt vom Hafen zu einem atriumähnlichen Palazzo mit ovalem Marmortreppenhaus in zwei Stockwerke. Die Zimmer liegen an den Außenseiten des 1. und 2. Stockwerkes. Etagenbäder, Toiletten und andere Räume liegen in den inneren Ecken des ovalen Treppenhauses. Das ganze Gebäude hat reichlich Patina angesetzt. Das Hotel hat weder Restaurant noch Frühstücksraum: Ersteres ist in Italien nur in den allernobelsten Häusern üblich, zweiteres ist auch in 1- oder 2-Sterne-Hotels üblich, doch hier an der Scheide zum arabischen Raum nicht. Dieser Mangel ist aber kein Problem, es gibt in Italien überall und jederzeit Möglichkeiten, sich zu beköstigen.

Patina hier: sichtbare Zeichen des Alterns

Mir fällt auf, daß die Häuser alle die Elektroinstallation auf der Außenseite haben. Um nicht das jahrhundertealte Mauerwerk zu beschädigen, spannt man über stabile Stegdübel stramme Drahtseile an die Außenwände. Auf diesen Drahtseilen wird nun über Isolatoren die gesamte Elektroleitung mit Klemmen, Verteilern und Kabeln verlegt. Wenn das exakt gemacht wird, ergibt es einen Sinn. Doch jeder ›Hans und Franz‹ kann hierbei unsachgemäß eigene Reparaturen vornehmen. So sieht es oftmals böse aus an den Außenwänden in Syrakus.

Heute morgen, noch vor 7 Uhr, bin ich auf die Hügel über der Stadt gestiegen, um das monumentale Teatro Greco zu bewundern. Diese antike Anlage ist ebenso groß wie die Insel, auf der die Stadt liegt. Ein beredtes Zeugnis für den Stellenwert der Künste in der hellenistischen Welt. Am Fuße der Anlage, die an den Hang gebaut sich zum Strand hin erstreckt,

hellenistischen von der griechischen Kultur geprägten

liegt das Valparadiso, ein dichter Hain mit Bäumen des gesamten Mittelmeerraumes. Hier treffe ich auch wieder auf den vertrauten Kommerz. Die Gesamtanlage ist mit Eisengittern umzäunt und nur nach Entrichtung eines Entrées zu betreten.

Im Valparadiso sind gastronomische Einrichtungen in den Hain getupft mit viel Geschmack. So früh am Morgen war das Gitter noch verrammelt. Um einen Gesamteinblick in die Anlage zu haben, mußte ich auf einer Serpentinenstraße auf den Berghang steigen. Ein Bediensteter der Stadt fuhr mit einem dreirädrigen Motorcar die Serpentinen abwärts und kehrte den Unrat des Wochenendes, heute ist Montag, zu Haufen zusammen. Aber, obwohl ihn die Città di Siracusa für teures Geld großzügig mit Motorcar, Umhängekörbchen und Rutenbesen ausgerüstet hat, kehrte der Faulpelz den Unrat, Plastetüten und -flaschen, Coladosen, Präservative, Pappschachteln und anderes einfach über den Serpentinenrand in die Felsen. Die Straße ist sauber, der Müll jedoch harrt in den Felsen jetzt Jahrzehnte seiner Kompostierung.

Ich fliehe wieder in die schattigen Mauern der Altstadt. Die Stadt ist in ihrem architektonischen Formenreichtum einfach faszinierend. Alle Kulturstufen unseres Jahrtausends, aus hellenistischer Zeit ist natürlich nichts mehr geblieben, haben hier ihre Spuren hinterlassen. Das Mittelmeerklima verhindert rasche Erosion. Hier bleibt alles auch ohne geschäftigen Erhalt über Jahre bestehen. Wenn sie nur die Elektro- und Wasserinstallation nicht so leger handhaben würden.

Auf den Bastionen um die Stadt fächelt heute leichter Seewind etwas Kühlung heran. Leiser Zug bis leichte Brise weht. Segelyachten aus allen Weltgegenden liegen hier im Hafen. Ein Australier macht gerade fest. Auf einem Katamaran mit kanadischer Flagge und Heimathafen London ist gerade Waschtag. Auf dem Meer sind überall kleine Boote, man fährt einfach zum Angeln und zum Fischen hinaus. Es gibt keine

Katamaran **schnelles offenes Segelboot mit Doppelrumpf**

Zollstation, kein Grenzgebiet, man steht unmittelbar vor den einlaufenden Schiffen. Nur die Benutzung der Schiffe verlangt das Ticket.

Grandezza würdevoll-elegantes Benehmen
Buena sera italienisch exakt: Buona sera (Guten Abend)

Die Polizei, die im Festlanditalien mit Grandezza überall präsent ist, sieht man in Sizilien kaum. Als ich gestern abend im Hafen einem einsamen Polizisten mein ›Buena sera‹ zurief, reagierte er wie ein Kind von Rabeneltern, das man streichelt. Er schwatzte munter auf mich ein und folgte mir sogar ein Stück des Weges. In den Städten des Festlandes sieht man überall Carabinieri im vertrauten Umgang mit den Leuten reden, das gibt es in Sizilien nicht. Die Sizilianer haben tatsächlich ein ulkiges Verhältnis zu ihrer milden Staatsmacht.

In der Osteria ›Porta marina‹ wurde ich am zweiten Tag meines Hierseins schon mit Handschlag begrüßt. Ich gelte schon als guter Gast, weil ich gestern mehrfach Zechen zwischen 2000 und 3500 Lire (2.90–5.00 DM) gemacht habe.

Syrakus ist eine paradiesische Stadt, schon ihretwegen hat sich für mich die Reise gelohnt.

Das ›Steakhouse La Pampa‹ wird von einem Sizilianer betrieben, der zwanzig Jahre lang in Köln gelebt hat und noch perfekt deutsch spricht. Hier komme ich mit ihm und seiner Familie ins Gespräch, empfehle ihm, seine Deutschkenntnisse dem Publikum auf dem Wirtshausschild mitzuteilen, da das den fremdsprachenmuffligen Deutschen Vertrauen und Vertrautheit einflößt.

Hyperboräer nach griechischer Vorstellung ein glückliches Volk im hohen Norden

Mittlerweile füllt sich das Haus etwas, der Wirt läßt sich aber in seiner Unterhaltung mit mir nicht stören. Ich berichte ihm, daß ich auf den Spuren Johann Gottfried Seumes aus der DDR nach Syrakus gereist bin, um diese berühmte Stadt des Archimedes kennenzulernen. Er ist erstaunt und wendet sich mit der Neuigkeit an die anderen Gäste, nun bin ich umringt. Daß sich ihrer Stadt wegen ein Hyperboräer in der Nähe des Polarkreises unter Lebensgefahr aufmacht, das schmeichelt ihnen. Nur die Wirtin, eine sanfte, dickliche Frau, fragt mich ängstlich, was denn meine Frau zu solch gefährlicher Reise sagt. Jetzt bin ich ertappt; ich lüge ihr vor, daß meine Frau meine Italiensehnsucht verstünde und auf mich ruhig und gelassen warten würde.

Überall in Italien sieht man Gedenktafeln deutscher Italienreisender: In Triest hat die Kommune Winckelmann ein Tempelmausoleum errichten lassen, in Venedig, dem Sterbeort Wagners, steht ein stolzes Monument, im Park der Villa Borghese in Rom steht das wohl größte Goethedenkmal der Welt, der Genius in jungen Jahren auf einem 10 m hohen musenumschwärmten Sockel. Nur Seume ist hier völlig unbekannt, den wackeren sächsischen Wanderer nahmen die Italiener einfach nicht wahr.

Neuhinzugekommene bringen Unruhe ins Haus, ein Wort macht die Runde, ›Sciopero nazionale‹. Ich erfahre, daß für morgen ein 72stündiger Nationalstreik ausgerufen wurde. Nun beginnt für mich wohl doch noch eine Odyssee zu Fuß über die Insel? Beunruhigt begebe ich mich noch zum Bahnhof, um mich über die Streikabsichten der Bahnbediensteten zu erkundigen. Ein freundlicher Auskunftsbeamter ist ganz Verneinung, als ich ihn frage, ob morgen gestreikt werde. Ich bin nicht gänzlich, aber etwas beruhigt.

Auf bald, auf bald! Dein Paul«

– *Schreibt er noch mehr?*

Alle Freunde in der DDR kriegen eine Ansichtskarte, auch die Cousine und die westdeutschen Bekannten. Eine besonders kitschige hat er für den Mann aus der Ständigen Vertretung der DDR in Bonn ausgewählt: »Ich bin am Ziel meiner Reise, leider nicht mit einem Paß der DDR. Viele herzliche Grüße aus Syrakus.«

14

– *Und nun hält ihn der Streik drei Tage in Syrakus fest?*

– *Nein; er findet einen Triebwagen, der trotz Streik quer durch die Insel nach Palermo rattert.*

– *Wie kommt er in Palermo klar?*

– *Mit einem Räuber wird er fertig, indem er ihn auf deutsch anbrüllt: »Aus dem Weg!«, mutig wie Seume in solcher Lage. Elend und Chaos machen ihm mehr zu schaffen.*

Nach zwei Tagen Palermo darf er endlich die Fähre nach Neapel besteigen, aber er findet in seiner Kabine, obwohl satt, sicher und müde, keine Ruhe. Odysseus beschäftigt ihn. Das Schiff wird nicht allzuweit an der Insel Ustica vorbeifahren, der Insel der Zyklopen, auf der Odysseus einst mit List das Ungeheuer überwunden und seine Männer befreit hat. Paul findet es schändlich, einmal im Leben in dieser Gegend zu sein und die Insel nicht gesehen zu haben. Zum Glück hat er gelernt, den Kurs eines Schiffes zu bestimmen.

Zyklopen **menschenfressende einäugige Riesen**

Also macht er auf der Rückseite der Bundesbahnübersichtskarte, auf der eine Europakarte im Maßstab 1 : 4 000 000 gedruckt ist, möglichst genau Ort. Nach Fahrt, Fahrzeit und Kurs errechnet er eine Peilung zur Insel Ustica von 1/2 Strich nach achtern von Backbord querab. Er begibt sich aufs Oberdeck und beobachtet intensiv den Horizont, der sich noch immer leicht vom schwarzen Meer abhebt, in den Sektor bis ein Strich nach achtern. Nach einiger Zeit ist ein schwaches wiederkehrendes Feuer zu sehen, Entfernung etwa sechzehn Seemeilen, dreißig Kilometer. Der Decksoffizier kann es bestätigen: »Yes, that's the Island Ustica.« Glücklich, doch noch die Insel der Zyklopen gesehen zu haben, schläft Paul ein.

– *Jetzt bin ich gespannt auf Neapel.*
– *Neapel zeigt ihm wieder nur die dreckige, dunstige Seite, kein Vesuv und nichts. Also fährt er weiter, durch Rom über Grosseto nach Siena, Florenz, Bologna, Parma.*

Er merkt, wie ihm leichter wird, je weiter er nach Norden kommt, je kürzer die Entfernung nach Rostock wird. Das große Ziel ist erreicht, nun wird er für den Rest seines Lebens etwas zu erzählen haben: Ich war in Syrakus! Die wildere Fremde des Südens hat er hinter sich, nun wird alles vertrauter, heiterer, und er muß seine Erlebnisse nicht mehr suchen, sie fließen auf ihn zu. In den fünfziger Jahren hat er den Film »Die Kartause von Parma« mit Gerard Philippe gesehen, später den Roman von Stendhal gelesen, deshalb gehört Parma zu den Städten, die er als »Muß« betrachtet. Die Schauplätze des Films aber sind nicht wiederzuerkennen, auf der Leinwand ist alles bergig gewesen, in Wirklichkeit liegt die Stadt flach in der Poebene, und die Kartause, im Film mitten in der Stadt erhoben, findet sich weit draußen in den Feldern. Auch die Hoffnung, wie einst Fabrizio aus der Kerkerzelle den Gipfel des Monte Rosa hoch in den Alpen in zweihundert Kilometer Entfernung zu sehen, erfüllt sich nicht, es ist viel zu dunstig. Selbst die Einwohner von Parma, erzählt man im Hotel, können dies Naturschauspiel nur einmal oder zweimal im Jahr bewundern.

»Die Kartause von Parma«
→ Seite 222

Fabrizio Hauptfigur aus dem Roman von Stendhal

Trotzdem fühlt er sich wohl und ausgeglichen wie in Triest und Syrakus. Auch Parma ist nicht auf Tourismus getrimmt, und nach den süditalienischen Erfahrungen gefallen ihm die nördliche Ordnung, die prächtigen Palazzi und Kirchen, die solide Provinz, in der es Platz für ihn gibt und Luft zum Atmen. Die Menschen erscheinen ihm offener, ruhiger, freundlicher. Er spaziert umher, entdeckt ein »Hotel Stendhal«, »Pensione Winckelmann«, »Albergo Henri Beyle«, und am

»Hotel Città de Stendal«
Stendal: Stadt in der Altmark, nördlich von Magdeburg

meisten freut den DDR-Patrioten ein winziges »Hotel Città de Stendal«.

Selbst ein Reklameschild »Birra alla spina – originale tedesco« vermag nun seine Stimmung zu steigern. Jahrelang, denkt er, bist du in der ČSSR oder in Polen oder in der Sowjetunion an Stätten geführt worden, wo deine Landsleute die grauenhaftesten Verbrechen begangen haben. Wohlmeinende Menschen versuchten dich zu überzeugen, daß du ein Angehöriger eines Volkes bist, das alles, selbst das Siegen, vom großen Brudervolk erst noch zu lernen und nichts zum Vorzeigen habe. Und hier, im herrlichen Italien, in diesen reichen Städten, zeigt dir eine Bierreklame, daß die Kulturvölker der Welt die deutsche Kunst des Bierbrauens und Bierschenkens als nationale Errungenschaft der Deutschen zu schätzen wissen!

Im Park des Schlosses gerät er in ein Volksfest der KPI, Hammer und Sichel und das viele rote Tuch beschämen hier niemanden, die Menschen stehen lässig herum, sitzen und trinken Wein. Spiel und Sport werden ohne Drill betrieben, viele alte Leute, die zufrieden aussehen, viele junge, die lachen, Paul kann beim besten Willen keine Funktionärsgesichter finden. Er fühlt sich an die freundlich derbe Arbeiteratmosphäre erinnert, die er aus seiner Jugendzeit in Dresden kennt und die längst durch die Rituale der Parteiveranstaltungen verdorben und vergessen ist.

Am zweiten Tag in Parma, nach langen Spaziergängen in der schattigen Zitadelle Siesta haltend, fällt ihm auf der Parkbank eine Zeitung in die Hände, »F. J. Strauß lotta con la morte«. Er versteht »Strauß« und »tot«, kann aber mit dem Wort »lotta« nichts anfangen, denkt an Lotto, Lotterie, Spiel, geht mit der Zeitung zum nächsten Kiosk, hält der Verkäuferin die Zeitung hin, zeigt mit dem Finger auf die Überschrift und fragt: »Scusi, Signora, Strauß – morte?«

»No, non è morto.«

Er zeigt wieder auf die Worte, sie verneint noch einmal, andere Leute mischen sich ein. »Strauß nix morte.«

Er, nun völlig verwirrt, fragt auf deutsch, »Warum steht das hier?«

Niemand versteht, er versteht die andern nicht, alle geben sich Mühe, den hergelaufenen Deutschen aufzuklären, bis die Frau hinter dem Tresen hervortritt, ihren Kiosk verläßt und ihn freundlich, aber entschieden an den Schultern packt, nach rechts und nach links drückt, als wolle sie mit ihm ringen. Nun begreift er, »lottare« heißt ringen, kämpfen: Strauß ringt mit dem Tod!

Abends im Hotelfoyer läuft der Fernseher, eine Sendung über Strauß, niemand schaut hin, sein Leben, seine Reisen, seine Skandale, sein Besuch bei Erich Honecker. Paul hat seit Monaten kein Bild seines Staatsratsvorsitzenden gesehen, er kann sich kaum vorstellen, in wenigen Tagen wieder unter dessen Fuchtel zu leben, er starrt auf die schnellen Bildfolgen und läßt sich nicht stören von den anderen Gästen, die laut reden und ihre Cocktails schlürfen. Am nächsten Morgen kommt der Hotelier, der ihn wegen seines Interesses an der Sendung für einen Bayern hält, auf ihn zu, sagt einige Sätze voll Pathos und »Papa« und »Patria« und »Bavaria«, verbeugt sich und streckt, fast weinend, ihm die Hand entgegen. Paul Gompitz nimmt die Kondolation zum Ableben seines Landesvaters mit Vergnügen an.

– *Mailand? Verona?*
– *Alles nichts gegen Mantua!*

Mantua ist immer ein Ort seiner Sehnsüchte und Wünsche gewesen, seit er als achtzehnjähriger Maschinenschlosser in Dresden eine »Rigoletto«-Verfilmung gesehen hat. Ein italie-

»Rigoletto« **Oper von Guiseppe Verdi (1813–1901)**

nischer Film, in Farbe, voller schöner Frauen mit tiefen Dekolletés, dazu das Panorama einer exotischen, herrlich gelegenen Stadt, die gewaltige Musik und die politische Symbolik: Der Benachteiligte greift zum Schwert und versucht den Tyrannen zu ermorden. All das will erinnert und nacherlebt werden, obwohl die Stadt nicht zu Seumes Route gehört.

Wie Parma erscheint ihm auch Mantua als ein idealer italienischer Ort, nicht so perfekt wie die Toskana oder die touristischen Freilichtmuseen, wo die Historie bis zum letzten Stein vermarktet ist. Die Stadt liegt an einem aufgestauten Fluß, dahinter Buchenwälder und Laubwälder, und dort, überlegt er, muß das Gasthaus gestanden haben, wo der Mordbube Sparafucile den Herzog erstechen sollte. Es beruhigt ihn, daß alles so ähnlich aussieht wie im Film.

Sparafucile
→ Seite 223

Paul schlendert durch die leeren Straßen, früher Nachmittag, die Mantuaner stecken in ihren Häusern und halten Siesta, auch kein Tourist auf den Beinen, und bald steht er allein in der Hitze mitten auf der weiten Piazza vor dem herzoglichen Palais und erinnert sich, wie der Film begonnen hat: Voll im Bild das riesige Renaissance-Portal, vor dem er nun steht, dazu die ersten Takte des Preludio, die Sonne ging unter, die Schatten des Reliefs der Giebelwand wurden immer länger, die Musik immer tragischer, und als es dunkler geworden war und die Sonne untergegangen, war mit dem Vorspann auch die Ouvertüre verklungen. Jetzt bemerkt er, daß die Sonne abends das Portal gar nicht bescheinen kann, daß der schlaue Regisseur diese Bilder also bei Sonnenaufgang aufgenommen hat und dann alles rückwärts laufen ließ.

Er sieht sich wieder im Kino in Dresden sitzen und später im Rostocker Wohnzimmer die Platte auflegen, hört die Musik, hört sie wirklich, die Blechbläser, immer deutlicher die getragenen, dann schnellen, aufgeregten Takte, den elektrisierenden Rhythmus, das Vibrato der Streicher, er glaubt sich zu täuschen, aber die Geigen und Oboen kommen nicht aus seinem Gedächtnis, die Musik schwebt aus einer bestimmten Richtung heran, aus einer offenen Bar an der Stirnseite der Piazza, aber so klar und im richtigen Moment, als habe jemand das Band oder die Platte extra aufgelegt und die Lautsprecher und das ganze Orchester samt den Pauken und Hörnern in seine Richtung gedreht, und Paul, allein unter der Sonne mit Verdis Musik auf der Piazza, nun dem herztreibenden Pianissimo ausgesetzt, fühlt sein Glück: Da errät jemand deine Gedanken! Da erkennt jemand, was in dir vorgeht, da ist einer wie du! Stehst vor dem historischen Portal des Schlosses der Herzöge von Mantua, und extra für dich wird die Ouvertüre gespielt! Die drohenden Paukenschläge, die heftigen, fast disharmonischen Orchesterklänge, all die drängenden, schnellen Takte rühren ihn so, daß ihm die Tränen kommen, er wehrt sich gegen die Tränen, legt die Hand vor sein herabgebeugtes Gesicht, und als er wieder aufschaut, steht der Wirt der Bar in seiner Tür und grüßt herüber, sich diskret verneigend, und verschwindet in seinem Laden, als wolle er ihn in seiner Andacht nicht stören. Selbst wenn es nur ein ganz normaler Touristen-Gag ist, erlaubt Paul sich in seiner tiefen Rührung zu denken, dieser Mantuaner hat das speziell für dich getan, das ganze wunderschöne Theater ist allein für dich, den Kellner aus Rostock, inszeniert! Es ist ihm, als fiele mit den wenigen Tränen etwas vom Druck der Jahrzehnte von ihm ab, als habe er die sieben Jahre nicht umsonst gearbeitet, als habe er sein Leben riskiert, Frau und Freunde belogen und den allmächtigen Staat überlistet, um diese drei Minuten in Mantua zu erleben, als sei dieser Augenblick seine höchste Belohnung, als fielen erst jetzt die tieferen der vielen Grenzen, gegen die er, verzweifelt oder frech, müde oder geduldig, angerannt ist.

Er schämt sich zu sehr, nun mit feuchten Augen in der Bar

dem Wirt zu danken und einen Espresso mit Wasser zu trinken. Sprachlos gemacht von der Musik, mag er sich nicht auf die fällige Konversation einlassen. Er rettet sich auf eine Bank im Schatten. Die Augen werden trocken, aber er kommt über dies Erlebnis nicht hinweg. Wie schwach bist du, daß diese paar Takte Verdi dich plötzlich umhauen vor Glück!

- *Die Tränen des Kellners aus Rostock in Mantua, schön! Damit endet die letzte klassische Italienreise?*
- *Nicht ganz. Aber nach diesen Minuten hat Italien keine Höhepunkte mehr zu bieten.*

Am 7. Oktober fährt er über den Brenner und schreibt aus Innsbruck an die Freunde: »Jetzt liegt Italien hinter mir. Ich bin nun ein Italienreisender. Es sollte Normalität sein, für viele ist es Trivialität, für mich war es der Höhepunkt meines bisherigen Lebens.« Das Gefühl, für immer von Italien Abschied nehmen zu müssen, hat er nicht. Alle Erlebnisse werden fest im Gehirn eingebrannt bleiben, er wird Zeit haben, alles zu verarbeiten und vielleicht im Alter noch einmal mit Helga zurückkehren.

»Sans Deutscha?«, fragt ein Uniformierter, als Paul aus dem letzten Wagen über die Gleise auf die fortrückenden Alpengipfel blickt. Er versucht, bayrisch zu antworten: »Jo, bin iih!« Der Beamte legt die Hand an die Mütze und entfernt sich. Genau so, denkt Paul, wünsch ich mir die Grenzkontrollen! Zehn Tage reist er durch die Bundesrepublik, wandert stundenlang durch das Deutsche Museum in München, läßt sich von den belästigten Freunden aus Karlsruhe, die seine Reisesehnsucht immer noch nicht verstehen wollen, durch den Schwarzwald und an den Bodensee fahren, besucht Heidelberg, Trier und Westfalen, ehe er wieder im Hauptbahnhof Hamburg aussteigt.

Er sieht sich als Vorkämpfer für die Reisefreiheit. »Die Kette der administrativen Einschränkungen rostet«, schreibt er an die Freunde, »bald hat der Lauf der neuen Zeit diesen Anachronismus zerfressen. Die Kette unserer Zahlungsunfähigkeit bleibt aber fest, sie wird uns, wenn wir sie nicht durch Kenntnis der Dinge lockern, eher in unserem kleinen Lande festhalten.« Deshalb beschreibt er genau, wie man auch in der teuren Bundesrepublik an billige Herbergen, günstiges Essen und Sparfahrkarten gelangt, und zieht Bilanz: Für die sechs Wochen Deutschland, Österreich und Italien hat er genau die 5000 DM verbraucht, die er aus der DDR geschmuggelt hat. Und jede Nacht in einem Hotelbett, keinmal auf einer Parkbank oder im Bahnhof gepennt. Und jeden Tag mindestens eine Mahlzeit im Restaurant.

In 48 Stunden erledigt er eilig die Vorbereitungen für die Rückkehr. Das restliche Geld, das er im Sommer verdient hat, läßt er auf dem Sparkonto, packt den Fluchtkoffer mit den Kellnersachen und deponiert ihn bei Bekannten, um für den schlimmsten Fall gerüstet zu sein, wenn die DDR-Grenzer sagen: »Gompitz, Sie sind ausgebürgert! Wir wollen Sie nicht mehr!« Diese Angst treibt ihn um und treibt ihn der Grenze zu. Um nichts zu versäumen, schreibt er noch einen Brief an die Ständige Vertretung der DDR in Bonn und einen an Egon Krenz, schickt die Kopien an Rechtsanwalt Breitenbach in Rostock und erteilt ihm für den Fall eines Prozesses das Mandat.

Nachdem er sich von der Cousine in Solingen und den Verwandten in Hamburg telefonisch verabschiedet hat, fährt er zuerst bis Lübeck und läuft in die Praxis des Rechtsanwalts. Über ihn hat er eine Aufforderung erhalten, die Jolle aus dem Yachthafen zu schaffen, der Platz werde benötigt. Paul bittet den Anwalt, das Boot dahin bringen zu lassen, wo es günstiger liege, und den Verkauf zu betreiben. Er zeigt ihm die

Lohnabrechnungen des Timmendorfer Hotels, der Anwalt verspricht, den Lohnsteuerjahresausgleich zu machen und das erstattete Geld abzüglich der Kosten auf das Hamburger Konto zu überweisen. Dann sucht er den Journalisten von den »Lübecker Nachrichten« auf, der ihn im Juni interviewt hat, und wünscht, daß er im Fall einer Ausbürgerung oder bei Scherereien publizistischen Druck mache. Sie vereinbaren, daß Paul nach seiner Rückkehr nach Rostock eine ganz neutrale Ansichtskarte aus einer mecklenburgischen Kleinstadt an die Privatadresse des Lübeckers schickt. Wenn er diese Karte in spätestens drei Monaten, etwa Ende Januar, nicht erhält, verspricht der Journalist im Fall Paul Gompitz zu recherchieren.

Am frühen Nachmittag des 19. Oktober setzt sich unser Held in den Interzonenzug Hamburg – Lübeck – Rostock – Stralsund. In irgendeinem Postzug wird bereits sein Brief nach Berlin aussortiert:

»Sehr geehrter Herr Stellvertreter des Staatsratsvorsitzenden!

Am 8.6.88 war ich, nach vorheriger Bekundung meines Rückkehrwillens, mit meiner Segeljolle nachts nach Dänemark gesegelt, um eine Bildungsreise durch Westdeutschland und Italien auf den Spuren Johann Gottfried Seumes zu machen. Nach Abschluß dieser Bildungs- und Pilgerreise bin ich nun willens, sofort in die DDR zurückzukehren. Wenn Sie mir, weil ich kein Akademiker bin, eine Bildungsreise nicht zubilligen wollen, nenne ich meine Reise eine Walz. Ich war in der BRD in vier Städten auf sieben Arbeitsstellen in zwei Berufen zeitweilig tätig und habe dort sowie in Italien reiche berufliche Erfahrungen sammeln können.

Walz Wanderschaft eines Handwerksburschen

Man kann meine Handlungsweise auch faustisch nennen. Um der Erkenntnis willen habe ich mich mit dem Bösen verbündet. Das Böse steht hier nicht für die BRD, sondern für den Geist der Gesetzesverletzung, gemäß § 213 des Strafgesetzbuches der DDR. Die Rolle des Weltgeistes, der den alten Faust vor der Verdammnis bewahrte, ist nun in Ihre Hände gelegt. Hochachtungsvoll, Paul Gompitz.«

15

– *Er rechnet beim Staatsrat mit Humor?*
– *Das nicht. Aber vielleicht will er zeigen, daß ihn der Humor nicht verlassen hat.*

Gegen 15 Uhr hält der Zug am Grenzübergang Herrnburg. Stiefelabsätze im Gang wie eine zackige Heimatmelodie. Paul Gompitz reicht seinen Personalausweis dem ersten der grauen Genossen. »Ach, Herr Gompitz, Sie sind wieder da? Dann kommen Sie mal mit!« Er wird in eine Zollbaracke geführt, muß alle Taschen leeren, alles bis auf die Brille und das Taschentuch kommt in einen Zollsack, die Reisetasche und alle Papiere samt den Durchschriften der Briefe aus Italien werden einbehalten. Das Taschentuch inspizieren sie nicht näher, darin hat er wie immer sein Taschenmesser gewickelt, um das Futter der Hosentasche zu schonen. Anderthalb Stunden warten. Immerhin, überlegt er, ich bin drin, jetzt werden sie die Stasi aus Rostock holen. Das Messer, die Waffe am Oberschenkel, erheitert ihn. Nur nicht sich einschüchtern lassen, nur keine Schwäche zeigen! Von einem Zahnarzt in Hamburg hat er sich Beruhigungspillen geben lassen, um keine Aufregung, keine Wut über die zu erwartenden Kontrollen, Verhöre und Schikanen laut werden zu lassen.

Zwei zivile Burschen vom Typ Knochenknacker holen ihn ab, schieben ihn in einen »Wartburg« auf den Rücksitz, in die Mitte. Ohne Handschellen das Wiedersehen mit der mecklenburgischen Landschaft. Das trübe Oktoberwetter und die farblosen Dörfer, die sich schon in den Spätherbst verabschieden, stören ihn nicht. Je länger sie fahren, auf der Landstraße nach Grevesmühlen, über die Fernstraße nach Wismar und weiter Richtung Rostock, desto sicherer wird er: Sie schicken mich nicht zurück, sie bürgern mich nicht aus! Helga hat er informiert, daß er an diesem Nachmittag in den Zug nach Rostock steigt, er weiß, daß sie beide die gleiche Frage bewegt: Wann bist du wieder in der Wielandstraße? Zwei Monate, ein halbes Jahr, zwei Jahre?

Die Kerle sagen kein Wort, auch nicht zum Fahrer. Bevor sie die Innenstadt erreichen, setzen sie Paul eine Schweißerbrille auf. Er kann nichts sehen, aber er weiß ohnehin, wo der Stasi-Knast liegt. Sie fahren einen kurvenreichen Umweg, die Strecke ist leicht zu rekonstruieren, er kennt ja fast jeden Stein in Rostock, Schröderstraße, Augustenstraße, Fleischer-Timm-Straße, Grüner Weg, da geht es abwärts wie in einen Keller, hinter ihnen wird ein Tor geschlossen. Der Wagen hält in einem Hof, sie holen Paul heraus, drehen ihn mehrmals, so daß er, eben noch sicher, in Richtung Nordwest August-Bebel-Straße zu stehen, nun kein Gefühl mehr für die Himmelsrichtungen hat und nicht weiß, wo seine Wohnung liegt.

Sie nehmen ihm die Schweißerbrille ab und führen ihn aus dem Keller mehrere Treppen hoch an vielen verschlossenen Türen vorbei. Im Treppenhaus keine Fenster, nur Glasziegel, ungewöhnlich hell, als ginge gerade die Sonne unter.

»Wie schön«, sagt er zu seinem Bewacher, »da geht wohl gerade die Sonne unter.«

»Ja.«

»Dann verläuft da unten also die August-Bebel-Straße?«

»Ja, logisch.«

Die Dummheit des Holzkopfs, der ihn erst vor einer Minute fast schwindlig gedreht hat, erheitert den Gefangenen. In einem fensterlosen Verhörraum wartet bereits ein Vernehmer, offenbar ein höherer Offizier, keiner von den Brüllhälsen oder Knochenbrechern, eher gebildet, also besonders raffiniert. Den haben sie nun meinetwegen aus seinem Feierabend geholt, also Vorsicht! Kein dritter Mensch ist im Raum, auf dem Schreibtisch nicht einmal eine Schreibmaschine, also irgendwo ein Tonband.

»Nun erklären Sie mir mal, wie ein intelligenter Mensch wie Sie auf diesen dummen Gedanken kommen kann, nur wegen einer Reise ein solches Risiko einzugehen.«

Der Vernehmer bietet ein Wasser an und beginnt im Plauderton. Paul wiederholt, was er oft gesagt und geschrieben hat: Lebenswunsch und Lebensziel, kein Paß, kein anderer Weg als über die See.

Er hat keinerlei Schuldgefühle, er schämt sich nicht, er hat nichts zu verbergen. Der Erfolg und die Beruhigungspillen machen ihn stark und selbstbewußt. Du bist moralisch stärker als sie, du hast keine Hühner geklaut, bist nicht mal erwischt worden bei der Republikflucht, du hast sie nur unsicher gemacht mit ihrem Tabu, du hast ihre Grenze verletzt, das schwerste Verbrechen, denn das einzige, was noch klappt in diesem Land, ist die Grenze!

»Was denken Sie denn, was Sie die Sache kosten wird, wie viele Jahre?«

Nicolai Gogol
→ Seite 223

»Wissen Sie, Nikolai Gogol hat einmal gesagt: Italien verhält sich zur übrigen Welt wie ein Sonnentag zu einer verregneten Woche. Also, sechs Wochen Italien mal sechs, 36 Wochen, macht knapp zehn Monate, also mehr als zehn Monate würde ich als ungerecht empfinden.«

Der Vernehmer lächelt.

»Na, Sie haben ja schon Ihre festen Vorstellungen.«

Vor sechs Jahren noch hätte er gebrüllt, da bist du schon für geringere Frechheiten angeschrien worden, und vor zwanzig Jahren hätten sie dich geschlagen, die Zeiten ändern sich!

Der Offizier liest einen Haftbefehl vom 13. Juni 1988 vor, schwerer Grenzdurchbruch, Vergehen gegen § 213 Absatz 2.

»Herr Vernehmer«, sagt Gompitz, »ich bin mir eigentlich sicher, daß ich gegen § 213 Absatz 1 verstoßen haben, weil ich peinlich vermieden habe, in Gruppe, im Wiederholungsfall, unter Mitführung gefährlicher Gegenstände, unter Beschädigung von Grenzanlagen, als Vorbestrafter oder mit falschen Pässen meinen illegalen Grenzübertritt zu bewerkstelligen.«

»Über die hohe See ist für uns prinzipiell schwerer Fall, das ist immer Absatz 2!«

»Entschuldigen Sie, Herr Vernehmer, dann muß das aber in den Gesetzestext!«

Wieder lächelt der Mann hinter dem Schreibtisch.

»Na ja, wir wollen hier keine Haarspalterei betreiben. Der Haftbefehl ist sowieso nicht so wichtig. Wenn das Ermittlungsverfahren abgeschlossen ist und sich herausstellen sollte, daß Sie keine anderen Straftaten gegen die DDR begangen haben, dann werden wir die Sache ohnehin niederschlagen.«

Paul beschreibt, wie er jahrelang mit allen Mitteln versucht hat, legal in den Westen zu reisen. Der Offizier macht Notizen, fragt nach Daten und Behörden bis hin zur Liga für Völkerfreundschaft, er scheint beeindruckt vom Starrsinn der Ämter und vom Starrsinn des Gompitz. Er bleibt um ein lockeres Gespräch bemüht und streut geschickt seine Fragen aus, »Wie sind Sie gerade auf Italien gekommen?«, »Wer hat Sie auf die Idee gebracht?«, »Wann haben Sie den Entschluß gefaßt?«, »Wie lange haben Sie geplant?«, »Wo sind Sie raus?«

Der Name des Anstifters und Komplizen Seume ist dem Vernehmer bekannt, er tut so, als habe er sogar den »Spaziergang nach Syrakus« gelesen. Er fragt nach Einzelheiten der Reise, obwohl die Durchschriften von Pauls italienischen Briefen auf seinem Schreibtisch liegen, dazu die vier Blätter, auf denen der Reisende die wichtigsten Ereignisse eines jeden seiner etwa 130 Tage im Westen auf einer Zeile in Stichworten notiert, Einnahmen und Ausgaben und die jeweilige Herberge verzeichnet hat. Kein Stasimann hätte Paul besser beobachten können als er sich selbst.

»Sie haben doch alles vor sich«, sagt er, »ich habe über alles Buch geführt, ich wußte ja, daß Sie mir das alles abnehmen an der Grenze, da steht alles, ich habe nichts zu verheimlichen.«

Trotzdem erzählt er, weil er gern erzählt und keinen Grund sieht, sich seines Erfolges zu schämen.

Auch die Frage nach dem Fluchtweg beantwortet er. Seinetwegen, vermutet er, werden gleich zwei Grenzbrigaden etwas auf den Deckel bekommen haben, die eine, die an der Nordgrenze Hiddensees Wache zu schieben hat, und die andere, die für den Darß eingeteilt ist. Unter den obersten Grenzwächtern und Stasileuten muß sich längst herumgesprochen haben, daß er genau zwischen beiden Grenzbereichen durchgesegelt ist. Sie werden sich längst neue Sperren und Einsatzpläne ausgedacht haben, denkt er, heute kann ich sowieso keinem mehr diesen Tip geben. Außerdem will ich nicht, daß noch mal jemand auf diese gefährliche Art abhaut, ich muß mit meiner Erzählung an ihn appellieren: Was macht ihr bloß für einen Irrsinn, daß ihr das Land so regiert, so geht das doch nicht, daß ihr die Leute zu solchen Risiken zwingt, gebt ihnen Pässe, verdammt!

Mit diesen Gedanken im Kopf, die er ab und an vorsichtig formuliert in seinen Bericht streut, erzählt Paul, was ihm wichtig, interessant oder komisch gewesen ist. Er nennt keine Namen außer dem seiner Cousine. Die Tricks mit dem Geld verrät er nicht. Der Vernehmer schreibt nicht mit, macht nur manchmal Notizen, als sei er von der Harmlosigkeit des Verhörten bereits überzeugt. Er bleibt beim Plauderton, doch Paul vergißt nicht, daß er in einem Verhör sitzt, aber er hat immer stärker den Eindruck, daß dieser Mann an ihm, seinen Motiven und seiner Geschichte interessiert ist und sein Interesse nicht heuchelt – aber auch das kann ein Trick sein.

Bald ist nur noch von Italien die Rede, Paul schildert auch

die Szene auf der Piazza in Mantua mit der Rigoletto-Ouvertüre, verschweigt sogar seine Tränen nicht – und sieht auf einmal die Augen des Vernehmers feucht werden, was den Erzähler wiederum zu einer zerquetschten Träne rührt. Es fehlt bloß noch, daß der Stasimann ausspricht, was sein Gesicht sagt: Mensch, so eine Reise muß ich endlich auch mal machen! Ehe dieser Augenblick für beide peinlich wird, sagt Paul: »Ja, so ist die Welt!«

Nach fünf Stunden, gegen 1 Uhr, wird das Verhör beendet, man führt ihn in eine Zelle, er merkt sich die Nummer, 202. Der Schließer verlangt die Brille.

»Ich bin blind ohne Brille, das geht nicht!«

»Kriegen Sie morgen wieder, geben Sie Ihre Brille, das ist eine Anweisung, wegen Pulsadern aufschneiden und so weiter.«

Er gibt dem Schließer die Brille und sagt:

»Ja, wissen Sie, Ihre Sicherheitsbestimmungen sind ja ganz gut und schön, aber die werden äußerst schlampig gehandhabt. Hier wird man ja in die Untersuchungshaft der Staatssicherheit sogar mit stehenden Messern eingelassen.«

Aus der Hosentasche holt er das Taschentuch, zieht es hoch, läßt das Taschenmesser auf die Hand fallen, öffnet die Klinge und steht im Abstand von anderthalb Metern mit offenem Messer vor dem Schließer mit seiner Pistole.

»Sofort her damit!«

Paul klappt das Messer zusammen und überreicht es wie ein Geschenk.

Alles ruhig im Stasiknast, er hat den Eindruck, der einzige Kunde zu sein. Alle drei Stunden kommen zwei Schließer mit lauten Stiefelschritten über die Eisentreppen angetrampelt, schließen die Gangtüren auf, schreiten zur Zelle, machen die Klappe auf, schauen rein, schmeißen die Klappe wieder zu und gehen weiter, ohne an einer anderen Zelle Krach zu machen. Du bist hier wirklich der einzige Gast, jedenfalls auf der Etage, vielleicht im ganzen Gebäude, die Stiefelschritte und die Eisentüren von unten oder oben würdest du auch hören, alle andern Zellen scheinen leer zu sein! Wieder so ein Potemkinsches Dorf der Stasi, nach außen ein mittelgroßer Knast, damit ganz Rostock Angst kriegt! Was haben wir für Gerüchte gehört, es gehe in diesem Gefängnis 18 Stockwerke nach unten in die Erde, da wagte niemand zu widersprechen am Biertisch, dabei ist der Keller, wo sie dich mit dem Auto abgeladen haben, wahrscheinlich die tiefste Stelle. Mit solchen Gerüchten haben sie wie üblich bloß Angst machen wollen. Es sind keine Folterknechte mit Messer und glühenden Eisen, sie sind viel raffinierter, sie sind psychische Sadisten und berufsmäßige Angstmacher, weiter nichts!

Potemkinsches Dorf
→ Seite 223

Nach dem Frühstück führt man ihn in den Verhörraum zurück, wo der Vernehmer ihm ein maschinengeschriebenes Protokoll unter die Nase hält. Paul liest aufmerksam, kann keine Fehler entdecken und unterschreibt.

»Sie werden jetzt in das Aufnahmelager Röntgental bei Berlin verbracht, und wenn sich bei dem Ermittlungsverfahren keine weiteren Straftaten herausstellen, dann werden Sie wieder in die DDR entlassen.«

»Wie lang kann das dauern?«

»Dazu kann ich Ihnen keine Auskunft geben, selbst wenn ich es wüßte.«

Die Schlägertypen nehmen ihn wieder in die Mitte auf der Rückbank des »Wartburg«, der die Autobahn Richtung Berlin nimmt. Die beiden sind etwas freundlicher, vielleicht hat man ihnen gesagt: Das ist ein harmloser Verrückter!

Das Gelände des Aufnahmelagers ist abgesperrt, ummauert und von schwer bewaffneten Soldaten bewacht. Innen ein normaler Großblockbau von fünf Stockwerken und einer Länge von sechzig Metern. Man führt Gompitz in den ersten

Stock zur Aufnahme, er muß Dokumente und Geld abliefern, alles, was ihm die Rostocker Stasi am Morgen zurückgegeben hat. Nur seine 299 Mark der DDR darf er behalten, die er mit in den Westen genommen und nun wiedereingeführt hat. Die Formalitäten sind rasch erledigt, um so länger braucht der Mann hinter dem Schreibtisch, einen ganzen Katalog von Verhaltensmaßnahmen mitzuteilen: »Wir reden uns hier nur mit den Vornamen an, verstanden?« Über die Gründe der Rückkehr oder die Motive der Übersiedler dürfe nicht geredet werden. Das Küchen- und Reinigungspersonal dürfe nicht angesprochen werden, ebenso die Kulturgruppe.

»Was für eine Kulturgruppe?«

»Das werden Sie schon sehen!«

Verschiedene Zonen seien zu beachten, eine Zone, in der man sich frei bewegen dürfe, eine zweite Zone, für die man eine Erlaubnis brauche, und eine dritte, die nur für das Personal zugänglich sei. Er könne arbeiten, Laubfegen für 3 Mark die Stunde, er habe jederzeit für Gespräche mit der Leitung bereit zu sein, telefonieren erlaubt.

Da bin ich ja in einer richtigen kleinen DDR gelandet, denkt Paul, als er sein Bett bezieht. Er wohnt mit einem Werner und einem Klaus auf einem Zimmer in der 3. Etage. Zum Abendessen versammeln sich knapp zwanzig Leute im Erdgeschoß in einem großen, häßlichen Saal. Die Küchenkräfte, die das Essen ausgeben, sind hundert Prozent Stasi, vermutet er. Kulturgruppe ist die Bezeichnung für die Wachmannschaften, die in Zivil ständig und überall herumlaufen. Paul findet alles affig.

Die Zeiten zwischen den Mahlzeiten kann man auf einem großen Vorplatz verbringen und Sport treiben, aber nur solche Sportarten, die keine Geräte oder Bälle erfordern, Gymnastik, Laufen, Weitsprung. Ab 18 Uhr stehen zwei Fernsehräume zur Verfügung, für jedes DDR-Programm einer.

Die Geräte sind versiegelt, damit man nicht auf Westsender umschalten kann. An einem Kiosk gibt es Kekse, Zigaretten, Kaffee zu kaufen, Paul kann nun das wiedereingeführte Geld verwenden, während die anderen Einwanderer für die paar Extras mit ihrem guten Westgeld im Verhältnis 1:1 bezahlen.

Bier gibt es auch, aber nur auf Marken, pro Person und Tag zwei halbe Liter, jede Marke ist mit einem Tagesstempel versehen. Schon am ersten Abend bemerkt Paul, daß ein reger Schwarzhandel mit den Biermarken blüht, da genügend Leute entweder weniger oder mehr als einen Liter trinken wollen. Alles wie draußen!

Gegen neun gelingt es ihm, Helga in Rostock anzurufen. In diesem Stasinest wird natürlich das Telefon abgehört, deshalb sagt er nicht viel mehr als »Ich bin wieder da, es geht mir gut, ich war schon in Rostock gestern, jetzt bin ich in Röntgental bei Berlin, ich weiß nicht, wie lange ich hierbleibe, aber es geht mir wirklich gut, ich ruf dich bald wieder an.« Noch mehr als in ihren wenigen Sätzen hört er in ihrem Schweigen die Erleichterung. In der Nacht schläft er so gut wie lange nicht.

Zum Frühstück spricht eine Dame von der sogenannten Kulturgruppe den Morgenappell, indem sie das Programm des Tages vorliest und bekanntgibt, wer wann zum »Gespräch« zu erscheinen hat. Nach »Werner 8 Uhr! Elvira 8 Uhr! Hilde 9 Uhr!« tönt der Befehl »Paul 10 Uhr!« durch den Saal.

Zu den Verhörräumen im 5. Stock führt ein spezieller Fahrstuhl, vom Erdgeschoß direkt nach oben. Normalerweise ist es verboten, den zu benutzen. Alles in dieser kleinen DDR wird mit der schäbigen Aura eines Geheimnisses versehen. Paul nimmt nur die eine Angst mit ins Verhör, daß sie ihn nach seinen Freunden und Bekannten fragen könnten. Er weiß nicht, wieviel sie wissen, und ob die Stasi darauf aus ist, andere mit hineinzuziehen und ihnen Beihilfe zur Republikflucht anzulasten. Aber der Vernehmer, auch er verhandelt im Plauderton, läßt sich vor allem von der Planung und der Reise Bericht geben. Nur einmal wird er dringlich mit seinen Fragen: »Wie sahen die beiden Männer vom BND in Travemünde aus?« Paul ist nahe daran zu sagen: Na, so wie Sie und Ihre Leute!

Jeden Abend ruft er Helga an und versucht sie zu beruhigen. Er darf so oft telefonieren wie er will, man hofft offenbar in den Abhörbüros, daß sich die Insassen irgendwie verplappern. Aber Paul hat Übung genug und sucht auch zu Freunden und Bekannten über das Telefon wieder Kontakt herzustellen. »Ja, ich bin wieder da, ja, ich war wirklich in Syrakus, stellt schon mal das Bier kalt!«

Alle zwei Tage wird er zu Verhören in den obersten Stock bestellt. Sie haben seine Liste mit den täglichen Ereignissen, Übernachtungen und Ausgaben vor sich, dazu die Durchschriften der Briefe, und fragen oft nach Einzelheiten. »Sie waren also auch in Würzburg, wen haben Sie da getroffen?«

Sie scheinen zufrieden, wenn er seine eigenen Notizen aus dem Gedächtnis bestätigen kann. Die Liste entspricht der Wahrheit, nur die Namen von Leuten, die in irgendwelche DDR-Geschichten verwickelt sind, hat er ausgespart. Er muß nur aufpassen, sich nicht zu widersprechen.

Er beruhigt Helga am Telefon, »Es wird nicht mehr lange dauern!« und spricht mit dem Rostocker Freund, der ihn in Hamburg besucht hat.

»Also, Bernt, paß auf, du wirst wahrscheinlich jetzt über kurz oder lang von der Stadtverwaltung Bescheid kriegen, daß du dir eine Prämie abholen sollst. Denn ich hab hier erzählt, wie du mich in Hamburg aufgesucht hast und mich zu schnellerer Rückkehr überredet hast, weil es Helga so schlecht ging.«

»Ja prima, Prämie kann man immer gebrauchen.«

So flachsen sie herum, Paul kommt es darauf an, die Freunde zu beruhigen und auf dem laufenden über den Inhalt seiner Verhöre zu halten und falschen Stasi-Gerüchten von vornherein den Boden zu entziehen.

Die meisten Rückkehrer werden nach ungefähr drei Wochen entlassen; deshalb wundert Paul sich nicht, als am 11. November nach dem Frühstück einer von der Kulturgruppe auf ihn zu tritt: »Kommen Sie mal mit auf Ihr Zimmer!« Die Mitbewohner sind nicht da, trotzdem verschließt der Wärter die Tür. »Packen Sie Ihre Sachen!«

Paul gehorcht. »Kann ich mich nicht von den andern verabschieden?«

»Nein, das machen wir nicht, das ist bei uns nicht üblich.«

Der Wärter schließt einen der verbotenen Fahrstühle auf und führt Paul durch verschlungene Gänge in die Entlassungsräume. Die Brieftasche mit allen Dokumenten, die Briefe, die Tagesliste und sein Geld erhält er zurück, dazu 36 Mark der DDR Lohn für das Laubfegen, 50 Mark Entlassungsgeld und 26 Mark für die Fahrkarte nach Rostock.

»Sie werden jetzt in die DDR entlassen«, sagt ein Offizier, offenbar der Chef des Lagers, »Ihr Ermittlungsverfahren ist von unserer Seite aus abgeschlossen, ein Strafverfahren wird nicht eingeleitet, aber die Staatsanwaltschaft Rostock wird die endgültige Entscheidung treffen. Aber eins würde ich gern noch wissen, Herr Gompitz, wie haben Sie sich Ihr Leben nun vorgestellt, haben Sie denn so was wieder mal vor?«

»Natürlich mach ich so was nicht mehr, so nicht, aber eigentlich möchte ich gern in meinem Leben noch mal nach Großbritannien. Das wollte ich jetzt schon machen, aber das ging leider nicht wegen meiner Frau.«

»Na, was dachten Sie denn, wann haben Sie das denn vor mit Britannien?«

»Ich dachte, wenn ich 50 bin, im Frühjahr 91.«

»Ach, dann erst«, meint der Chef und winkt ab, »bis dahin brauchen Sie sich keine Sorgen zu machen. Bis dahin wird das schon gehen!«

Da muß es aber böse aussehen im Land, denkt Paul, wenn sie einem Grenzdurchbrecher schon so freundlich die nächste Reise anbieten!

Zwei Mann bringen ihn mit dem Auto zum S-Bahnhof. Vergeblich versucht er, Helga am Telefon zu erreichen, löst eine S-Bahn-Fahrkarte, fährt bis Ostbahnhof, kauft dort die Karte nach Rostock und nimmt den nächsten D-Zug.

Helga ist noch in der Bibliothek, er ruft sie vom Rostocker Bahnhof an, nein, sie könne nicht vorher weg, sie müsse bis 17 Uhr im Dienst bleiben. Also geht er zuerst in die Gaststätte, die er im Winter vorher mit dem Freund Walter bewirtschaftet hat.

Großes Hallo, man umarmt, umringt und feiert ihn. Gäste, die ihn kennen, treten hinzu. »Mensch, Alter, da bist du ja wieder!« Paß auf, denkt er, daß du jetzt nicht in Bier und Wodka ersäufst. Die Fragen von zehn, zwölf Leuten an der Theke schwirren ihm um die Ohren. »Nun erzähl mal, wie hast du das bloß gemacht? Bis nach Rom bist du? Wie sind die Weiber in Italien? Wie bist du wiedergekommen? Was für Tricks hast du gehabt, ich will auch mal raus wie du.«

»Halt, halt! Schön vorsichtig! Als die mich verabschiedet haben heute morgen, hat einer zu mir gesagt: Na, wir werden uns ja gewiß noch mal sehen! Also schön vorsichtig«, sagt er laut, damit es alle Gäste hören, denn er rechnet damit, daß die Stasi ihre Leute zuerst dahin schickt, wo er seine Kollegen trifft, »man weiß nie, wozu ich noch mal genötigt werde! Und ihr, vorläufig interessiert sich niemand für euch, aber ihr seid meine Freunde, ihr könnt nie wissen, was noch kommt!«

Helga empfängt den Heimkehrer mit Tränen und Schweigen. Sie mag sich so schnell nicht trösten lassen. Die Briefe aus

Italien sind angekommen, seine vielen Telefonate haben den Schock vom Juni nicht heilen können.

Nach einigen Tagen merkt er, daß der Ausflug nach Syrakus alle seine Rostocker Beziehungen zu verändern beginnt. Die engen Freunde feiern ihn als Helden. Andere, die ähnliche Reisewünsche hegen, aber es nie gewagt haben, aus der Mühle des Alltags auszubrechen, sind neidisch. Die meisten Bekannten werden mißtrauisch und verdächtigen ihn, dies Ding könne er nur mit der Stasi gedreht haben, sonst wäre er nach drei Wochen nicht wieder zu Hause.

Ängstliche ziehen sich zurück, und Helgas Verwandte und Bekannte bezichtigen ihn des Egoismus: »Was hast du ihr da angetan!«

Es drängt ihn, so rasch wie möglich wieder in die Normalität der Arbeit zu fliehen, und er erhält seine alte Stelle als Buffetier wieder, Arbeitsbeginn nach Weihnachten.

Anfang Dezember ein Schreiben der Staatsanwaltschaft, er habe sich zur »Klärung eines Sachverhalts« einzufinden. Die Formulierung läßt alle Möglichkeiten offen, darum geht er zuerst zum Rechtsanwalt Breitenbach. Der begrüßt ihn herzlich und gratuliert zur Reise ebenso wie zur Rückkehr. Paul bittet um eine Kopie des Artikels aus den »Lübecker Nachrichten«, den er seinerzeit auch an Breitenbach geschickt hat, dieser Artikel ist das einzige, was die Stasileute aus seiner Brieftasche behalten haben. Der Anwalt holt den Zeitungsausschnitt aus dem Gompitz-Ordner und stellt sich an das Kopiergerät. »Das Schreiben von der Staatsanwaltschaft«, sagt er, »bedeutet mit Sicherheit nur, daß das Verfahren eingestellt wird und daß Sie das quittieren müssen, wie das so üblich ist. Sie brauchen keine Angst zu haben. Aber wenn Sie dahin gehen, entschuldigen Sie sich für nichts! Die müssen sich bei uns entschuldigen, daß sie uns so leben lassen!«

– *War Breitenbach nicht der, der später eine dieser neuen Parteien gründete und dann als IM der Staatssicherheit enttarnt wurde?*

– *Ja. Trotzdem hat er offenbar nichts von der Reisesehnsucht des Paul Gompitz verraten.*

– *Aber warum nicht?*

– *Das ist wieder eine andere Geschichte.*

Materialien

Biografie

Lebenschronik

Friedrich Christian Delius

1943 Geburt Friedrich Christian Delius' am 13. Februar in Rom. Kindheit im hessischen Wehrda. Besuch des Gymnasiums.
1963 Beginn des Studiums der Germanistik in Berlin.
1965 Erster Lyrikband »Kerbholz«.
1966 »Wir Unternehmer«. Dokumentarsatire.
1968 Berliner Kunstpreis »Preis der jungen Generation«.
1968 Zweiter Lyrikband »Wenn wir, bei Rot«.
1970 Promotion mit dem Thema: »Der Held und sein Wetter«.
1971/72 Stipendium der »Deutschen Akademie Villa Massimo« in Rom.
1972 »Unsere Siemenswelt«. Dokumentarsatire.

1973 Jahrespreis der »Literarischen Hefte«.
1975 Dritter Lyrikband »Ein Bankier auf der Flucht«.
1978–1980 Aufenthalt in Nijmegen/Niederlande.
1980–1984 Aufenthalt in Bielefeld.
1981 »Ein Held der inneren Sicherheit«. Roman.
Vierter Lyrikband »Die unsichtbaren Blitze«.
1984 »Adenauerplatz«. Roman.
»Preis für Poesie und Politik«.
1985 Von diesem Jahr an lebt F. C. Delius wieder in Berlin.
»Einige Argumente zur Entlastung der Gemüseesser ... Eine Denkschrift«.
1987 »Mogadischu Fensterplatz«. Roman.
1988 »Konservativ in 30 Tagen. Ein Hand- und Wörterbuch Frankfurter Allgemeinplätze«.
1989 Fünfter Lyrikband »Japanische Rolltreppen. Tanka-Gedichte«.
Delius im »Nachwort«: »Die japanischen Freunde mussten uns erklären, was ein Tanka ist: ein Gedicht aus 31 Silben, die ersten drei Zeilen, wie im Haiku, zu fünf, sieben, fünf Silben, die vierte und fünfte Zeile mit je sieben Silben.«
Ein Beispiel aus den »Japanischen Rolltreppen«:
»Weiße Handschuhe
der Taxifahrer. Den Gast
soll nichts stören, wenn
der Frieden seinen Krieg zeigt.
Welcome to Hiroshima.«
1990 Gerrit-Engelke-Preis der Stadt Hannover.
1991 »Die Birnen von Ribbeck«. Erzählung.
»Als sie anrückten von Osten aus dem westlichen Berlin mit drei Omnibussen und rot und weiß und blau lackierten Autos ... und mit den breitachsigen, herrischen Fahrzeugen das Dorf besetzten, wie es seit

den russischen Panzern … und den Ribbeck'schen Jagdfesten nicht mehr besetzt war, […] und ich wusste nicht, was mir alles durchs Hirn fegte, … gelernt den Blick zu senken, versuchte ich den Gästen, die die Gastgeber waren, in die Augen zu sehen durch teure Doktorbrillen […] so fingen wir langsam zu reden an und wurden lauter und sangen und tranken, weil das Redeverbot und das Schreiverbot und hundert andere Verbote weggeweht waren und die Verbrecher endlich aus dem Amt gejagt und die Unfähigen und die Stasi und die Gauner, und sie ließen hochleben den Ribbeck und seinen Birnbaum und den Fontane, der das Dorf zum berühmtesten Dorf im Havelland gemacht hat…« (Das sagt in der Rolle des Einheimischen der Ich-Erzähler.)

1992 »Himmelfahrt eines Staatsfeindes«. Roman.

1993 »Selbstporträt mit Luftbrücke. Ausgewählte Gedichte«.

1994 Award for Opening Minds der University of Florida.

1995 »Der Sonntag, an dem ich Weltmeister wurde«. Erzählung.

»Der Vater Pfarrer redete, er beherrschte die Sprache […]. Was für ein Mann war das, der mit seiner eigenen Stimme im Namen des Vaters sprechen konnte, in seinem Namen und in seinem Namen? Warum stieß er mich mit solchen Formeln in die betrügerische Zweideutigkeit jedes Worts zurück, warum verdarb er damit sogar das einfache Wort Vater? Ich wusste nicht, ob er diese Zweideutigkeit absichtlich schürte und warum er mir nicht half, indem er sich Vati oder Papa oder Papi nennen ließ wie andere Väter, … warum er auf der Anrede bestand, mit der wir den Herrgott anredeten, und warum ich es nicht wagte, ihn anders zu nennen oder es wenigstens zu probieren.« (So der Ich-Erzähler in der stark autobiografisch gefärbten Geschichte.)

1995 »Der Spaziergang von Rostock nach Syrakus«. Erzählung.

1997 »Amerikahaus und der Tanz um die Frauen«. Erzählung.

1999 »Die Flatterzunge«. Erzählung.

2000 »Der Königsmacher«. Roman.

2003 »Warum ich schon immer Recht hatte – und andere Irrtümer. Ein Leitfaden für deutsches Denken«.

2004 Fontane-Preis der Stadt Neuruppin.

Friedrich Christian Delius

Selbstporträt mit Schimpansen — 2003

Wenige Tage nach dem Ende der Schlacht von Stalingrad nicht weit vom Vatikan in das warme Frühlingslicht von Rom geboren, die Mutter eine milde Mecklenburgerin, der Vater ein westfälischer Pfarrer, zwischen hessischen Wäldern und Fachwerkhäusern, Bücherregalen und Fußballplatz Lesen und Schreiben gelernt und zugleich stotternd und stumm geworden – wo fängt es an, das Ich, das mit gelähmter Zunge zur Sprache drängt und im Alter von zehn Jahren mit der Schreibmaschine des gefürchteten Vaters sich einen »Weltplan« tippt? Und als »Beruf« angibt: Dichter.

Dies Rätsel habe ich auch in der Erzählung »Der Sonntag, an dem ich Weltmeister wurde« nicht gelöst, und ich will es nicht lösen, denn es treibt mich voran. Wer schweigt und stottert, mag, im Idealfall, ein besonders glühender Liebhaber der Sprache sein. Widerspruch – erst gegen die Sprache der Väter und Götter, dann gegen die Sprachen der Floskeln, der

Macht, der Ideologie. Sich am Schopf der eigenen Lyrik aus dem Sumpf ziehen – mit einem solchen Sublimationsgewinn lässt sich wuchern. Es zog mich ins Zentrum der deutschen Widersprüche, anderthalb Jahre nach dem Mauerbau. Aber was wäre Berlin gewesen ohne den Weg durch die Mauer, ich brauchte Gesprächspartner in beiden Berlins. Doch bei allem bescheidenen Größenwahn hätten wir uns nie vorgestellt, uns 30 Jahre später in einer Akademie wiederzutreffen.

Der politische Schub von 1965, 1966, 1967, 1968 hat mich nicht gehindert, zehnmal mehr Jean Paul und Fontane zu lesen als Marx. Theorie war meine Sache nie, und der Höhepunkt meiner Studentenbewegung war eine Dissertation über »Der Held und sein Wetter«. Eine Maxime von Friedrich Schlegel begleitet mich seit 1965: »Jeder Satz, jedes Buch, so sich nicht selbst widerspricht, ist unvollständig.«

Sie sehen, im Grunde wär ich gern ein Romantiker. Bin aber nun etikettiert als literarischer Chronist der Gegenwart, als politischer Autor gar, überdies geadelt von Literatur-Prozessen bis hoch zum Bundesgerichtshof. Ich staune manchmal darüber, eine gewisse politische Wachsamkeit scheint offenbar nicht mehr selbstverständlich zu unserm Berufsbild zu gehören. In Deutschland steckt schnell in der so genannt politischen Ecke, wer die Auswirkungen historischer Ereignisse auf die Gemütslage und das Verhalten von Subjekten und Figuren nicht vergisst, ja sogar poetisch mitdenkt. Als wäre nicht jede Liebesgeschichte mit gesellschaftlichen Banden beschwert. Zur Abwechslung der Schubladen würde ich gern einmal als heimatloser Heimatdichter wahrgenommen werden: Köln, Bielefeld, Wiesbaden, Ribbeck, Wehrda, Rostock, Hiddensee, Berlin hätte ich anzubieten.

Wo sind denn nun Ihre Wurzeln? Wie links oder rechts sind Sie denn? Wo ist Ihr Standpunkt? Ich fühle mich, obwohl Westmensch, als Einheitsgewinner und Gegner der

Jammer-Fraktion. Das neue Jahrhundert hat bereits im Jahr 1989 begonnen. Warum ich trotzdem immer noch kein Zyniker bin, habe ich auf 99 Seiten zu beantworten versucht. Der Meinungsmarkt schert mich weniger als Fakten, Fragen, Suche und der Humor, nachsichtig oder frech.

Wenn Sie mich bei Feierlichkeiten, gerade bei akademischen, verhalten oder gar lächeln sehen, dann denke ich vielleicht daran, dass wir zu 98,6 Prozent Schimpansen sind. 1,4 Prozent Mensch, und was für ein unendlicher Raum der Freiheit, der Sprache, der Möglichkeiten!

Sie sehen hier einen Mann, den Sie, nach Akademie-Maßstäben, für verhältnismäßig jung halten werden. Bitte vergessen Sie nicht, dass Sie einen Veteranen vor sich haben. Einen aus der letzten Generation, die noch ohne Fernsehbilder erzogen worden ist. Aus der Generation, die es so gut hatte wie keine vor ihr und so gut, wie es keine nach ihr haben wird, und die dies Privileg verdammt schlecht genutzt hat. Einen altmodischen Menschen, der die bewusstseinserweiternden Wirkungen von Sprache und Dichtung bei allen Zweifeln lieber überschätzt als unterschätzt. Und der heute immer noch wie der Zehnjährige davon träumt, ein Dichter zu sein.

Arbeitsanregungen

1. Formulieren Sie Fragen in Bezug auf den Autor, sein Werk und seine Äußerungen über sich selbst. Nehmen Sie diese Fragen als Anlass zu einem ersten klärenden Austausch in einer Gesprächsrunde.

2. Versetzen Sie sich in ein Mitglied der Deutschen Akademie für Sprache und Dichtung, das die Rede »Selbstporträt mit Schimpansen« des neu in die Akademie aufgenommenen Literaten F. C. Delius gehört hat. Formulieren Sie Ihre durch die Rede ausgelösten Gedanken und Empfindungen in der Form eines inneren Monologs, eines Kommentars, eines Berichts im Feuilleton einer Kulturzeitschrift oder in einer Rezension.

3. Informieren Sie sich in Lexika oder im Internet über F. C. Delius und sein Werk. Wählen Sie ein Lebensjahr des Autors oder das Erscheinungsjahr einer seiner Schriften aus und versuchen Sie dieses Jahr in einer Wort-/Bildcollage zu erfassen. Die Präsentation und Interpretation der unterschiedlichen Collagen führt zur Vergewisserung über historische und/oder geistesgeschichtliche Hintergründe.

4. Verfassen Sie auf der Grundlage der vorangehenden Texte ein literarisches Porträt des Autors, das im Anhang zu einem seiner Bücher stehen könnte.

5. Schreiben Sie über sich selbst eine biografische Rede, die Sie vor neuen Freunden oder vor einem Gremium, das Sie anlässlich Ihrer Bewerbung näher kennen lernen möchte, halten würden.

Entstehung

Friedrich Christian Delius

Die Verlockungen der Wörter ______________ 1996

Ostern 1992 auf Rügen, Regenwetter, ich lese die »Ostsee-Zeitung«. Reportage über einen Mann, dem es nach siebenjähriger Vorbereitung gelungen ist, im Juni 1988 mit einer Segeljolle über die Ostsee nach Dänemark zu entkommen – aber nicht, um aus der DDR zu fliehen, sondern um eine Reise nach Italien zu machen, auf den Spuren von Johann Gottfried Seume (»Mein Spaziergang nach Syrakus im Jahr 1802«), und anschließend in die DDR zurückzukehren. Die Zeitungsseite aufgehoben, immer mal wieder angesehen: das ist eine Geschichte. Ich erzähle sie andern, ich merke, sie setzt sich in meinem Kopf fest, sie bleibt oben auf dem Zeitungsstapel, sie will etwas von *mir.* Nach fast anderthalb Jahren, als der Kopf frei war, den Mann gesucht, getroffen, lange gesprochen. Inzwischen ist ein Radiofeature produziert und gesendet und die Erzählung geschrieben, voll komischer, spannender, schönster Details.

Die Arbeit ist der Finderlohn. Die Schwierigkeit, wie ein Chronist die Balance zwischen Nähe und Distanz zu finden, die Geschichte weder hochzustilisieren noch im leichten Unterhaltungston sich verflüchtigen zu lassen, dem Aufbrechen der emotionalen Verleugnung weder triumphierend noch bußfertig zu begegnen. Und bei der Arbeit die Entdeckungen: Es ist viel mehr als eine Ost-West-Geschichte, es ist die eines Einzelgängers, eines letzten klassischen deutschen Italienreisenden. Dazu die Überraschung auf dem Buchmarkt:

der immer noch wachsende Lesehunger auf dieses Buch, obwohl alle Welt behauptet, von Ost-West-Geschichten die Nase voll zu haben.

Thoralf Cleven

Über die Ostsee nach Italien — 1992

Artikel aus der Ostsee-Zeitung vom 18. 4. 1992:
»Liebe deutsche Landsleute! Ich werde in dieser Nacht versuchen, über die Ostsee in den Westen zu kommen. Falls Sie diesen Brief erhalten, informieren Sie bitte das innerdeutsche Ministerium in Bonn …«

Vier Briefe dieses Inhalts steckt der Rostocker Klaus Müller, Jahrgang 1941, am 7. Juni 1988 um 22.00 Uhr in den Briefkasten Neuendorfs auf Hiddensee. Adressiert sind sie an ihm völlig unbekannte BRD-Bürger in verschiedenen Städten. Die Anschriften seiner so genannten Sicherheitsbriefe hatte er auf einem Postamt unbemerkt abgeschrieben. Aber noch ein fünfter Brief landet im Kasten. Der Empfänger: Egon Krenz, Stellvertreter des Staatsratsvorsitzenden. »… wenn ich geschnappt werde, gilt dieses Schreiben als Ausreiseantrag. Entschlüpfe ich, kehre ich wieder in die DDR zurück …« Anderthalb Stunden später legt er mit seiner fünf Meter langen Yxylon-Segeljolle ab.

Jahrelang hat der gebürtige Sachse seinen Grenzdurchbruch geplant. Niemand erfuhr davon, nicht einmal seine Lebensgefährtin Ingrid. Dabei ist ihm dieser Weg zuwider, aber die Behörden in der DDR lehnten seinen Wunsch regelmäßig ab, einmal eine Reise ins italienische Syrakus, zu den Wurzeln der europäischen Zivilisation, unternehmen zu dürfen.

Der gelernte Gastronom wollte schon früher die Welt sehen. Nie hatte er den Gedanken, die DDR für immer zu verlassen. Das Seefahrtsbuch wurde ihm jedoch in den 60er Jahren immer wieder verwehrt. So beschränkte er sich, wie viele DDR-Bürger, auf Fahrten ins sozialistische Ausland. Doch damit war auch bald Schluss. Kurz nachdem er sich das Boot gekauft hatte, holen ihn Stasi-Männer 1982 auf einer Reise in die Tschechoslowakei kurz vor der Grenze in Bad Schandau aus dem Zug. Die stundenlangen Verhöre drehen sich nur um die Jolle. Aber sie können ihm nichts nachweisen. Die Schikanen wiederholen sich in den folgenden sechs Jahren zwölf Mal. Immer wieder holt man Klaus Müller aus dem Zug und lässt ihn nach dessen Abfahrt wieder laufen. Ihm reicht's. Doch auf einen Gedanken hat ihn die Stasi gebracht. Sein Weg nach Italien wird über die Ostsee führen.

Das Boot stationiert er im Seglerhafen »Schwarzer Peter« auf der Insel Hiddensee, wo er in den Sommermonaten einen Kiosk an der Gaststätte »Klausner« betreibt. Das serienmäßige Rot-Weiß seiner Plastik-Jolle ist im Laufe der Zeit einem hässlichen Grün-Braun gewichen, das aber auf dem Wasser schwieriger auszumachen sein wird. Ein Ersatzsegel färbt Müller unter erheblichem Aufwand blau.

Klaus Müller kennt die Boddengewässer Vorpommerns. Ohne PM 18 darf er nur auf ihnen segeln. Deshalb scheidet bei seiner intensiven Suche nach einem Schlupfloch die offene Küste aus. Gedanklich spielt er mehrere Varianten durch, doch 1985 steht für ihn fest, dass es nur von Hiddensee aus zu schaffen ist. Sein Plan: vom »Schwarzen Peter« bei Neuendorf durch den Schaproder Bodden um die Südspitze der Insel, den Gellen, herum und zwischen den Inseln Bock und Hiddensee aufs offene Meer nach Gedser in Dänemark. Dazwischen liegen 86 Kilometer.

Die Sache hat nur einen Haken. Der Bodden ist stellenweise so flach, dass man hindurchspazieren kann. Die Gefahr aufzulaufen ist groß. Aber wenn ein günstiger Wind, wie ein Nordost, Wasser von der offenen See in den Bodden drückt, steigt der Pegel ausreichend, um sich in den Rinnsalen der Sandbänke, so genannten Prielen, mit dem Boot am Ufer entlang die sieben Kilometer zum Gellen treiben zu lassen. Käme noch Dunst auf, wäre es ideal. Müller weiß aber, dass diese Umstände nur selten zusammentreffen, zumal er sich für den Durchbruch Fristen setzt. Nur die ersten Juni- oder die letzten Augustwochen kommen für ihn in Frage. Dann sind die Anlegeplätze zu Saisonbeginn und -ende nicht voll besetzt. Drei Jahre muss er warten.

Am Dienstag, dem 7. Juni 1988, frühmorgens, sitzen Klaus Müller und seine Lebensgefährtin beim Frühstück. Die Frau geht wie immer halb sieben aus dem Haus. Um 6.40 Uhr bringt der Deutschlandfunk auf seiner Mittelwellenfrequenz den ersten Seewetterbericht. Und was da aus dem Lautsprecher kommt, verschlägt Klaus Müller den Atem. »Westliche Ostsee – Wetterlage: Flaches Tief über Mecklenburg langsam ostziehend; Vorhersage: In den nächsten 12 Stunden Nordost 4 bis 5, langsam rückdrehend.« Das ist mein Tag, denkt er. [...]

Gegen Mittag verlässt er das Haus. Um 12.32 Uhr fährt sein Zug nach Stralsund. [...] Knapp erreicht er in Stralsund sein Schiff nach Hiddensee.

[...] Gegen 23.30 Uhr ist es stockfinster. Der Wind dreht langsam nach Nord, doch er ist viel zu schwach. Es herrscht fast Flaute. [...] Erst nach gut zwei Stunden erreicht er die Ausfahrt zwischen Gellen und der Insel Bock. Hier ist der Wind stärker. [...]

Bei Tagesanbruch, gegen 2.30 Uhr, befindet er sich ungefähr in Höhe Prerow auf dem Darß. [...]

Am Vormittag hat der Wind nahezu ganz nachgelassen. Er macht kaum noch Fahrt. Der Skipper ist hundemüde. Seit 30 Stunden hat er nicht ein Auge zugemacht. Für Minuten nickt er immer wieder ein. Doch gegen elf Uhr tauchen plötzlich die Umrisse eines Turms aus dem Dunst auf. Nein, seine Augen trügen nicht – Gedser! [...]

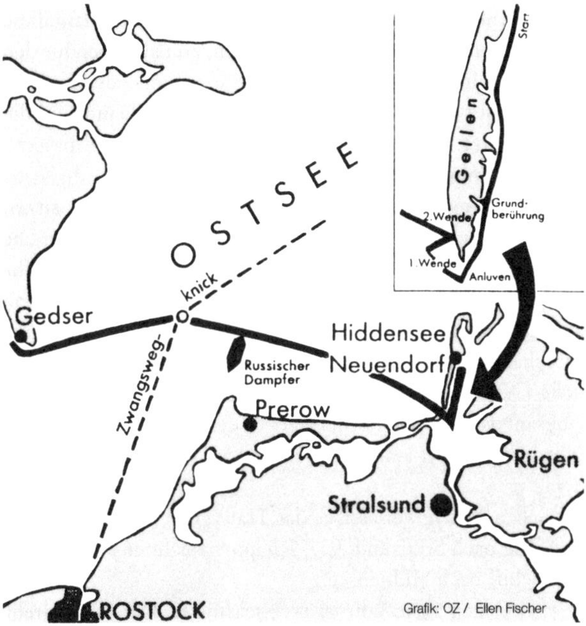

Am 6. September startet er seine sechswöchige Expedition über 52 Stationen nach und durch Italien. Am 17. Oktober kehrt er wieder nach Hamburg zurück und schreibt einen weiteren Brief an Egon Krenz: »... Man kann meine Handlungsweise faustisch nennen. Um der Erkenntnis willen habe ich mich mit dem Bösen verbündet. Das Böse steht hier nicht für die BRD, sondern für den Geist der Gesetzesverletzung gemäß § 213 des Strafgesetzbuches der DDR. Die Rolle des Weltgeistes, der den alten Faust vor der Verdammnis bewahrte, ist nun in Ihre Hände gelegt ...«

Am 19. Oktober kehrt Klaus Müller wieder in die DDR zurück. [...]

Drei Wochen kommt Klaus Müller ins Wiederaufnahmelager Röntgenthal bei Bernau. Am 11. November wird er entlassen und das Ermittlungsverfahren gegen ihn eingestellt. Er kann wie vorher weiterarbeiten. Heute unterstützt der 51-jährige die Arbeit des Fördervereins des Rostocker Schifffahrtsmuseums.

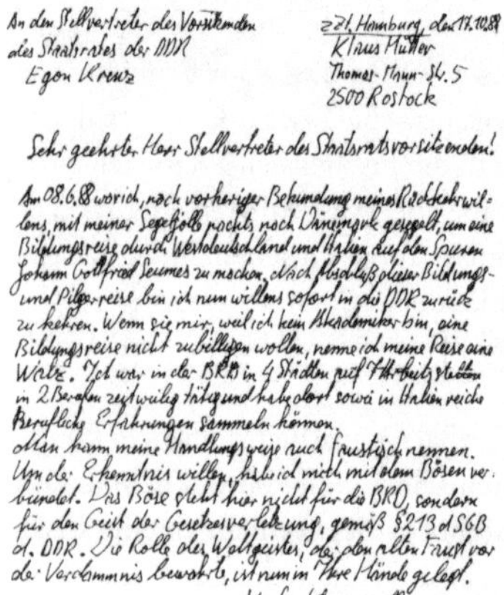

An den Stellvertreter des Vorsitzenden
des Staatsrates der DDR
Egon Krenz

z.Zt. Hamburg, den 17.10.89
Klaus Müller
Thomas-Mann-Str. 5
2500 Rostock

Sehr geehrter Herr Stellvertreter des Staatsratsvorsitzenden!

Am 08.6.89 war ich, nach vorheriger Bekundung meines Rückkehrwillens, mit meiner Segeljolle nachts nach Dänemark gesegelt, um eine Bildungsreise durch Westdeutschland und Italien auf den Spuren Johann Gottfried Seumes zu machen. Nach Abschluß dieser Bildungs- und Pilgerreise bin ich nun willens sofort in die DDR zurück zu kehren. Wenn Sie mir, weil ich kein Akademiker bin, eine Bildungsreise nicht zubilligen wollen, nenne ich meine Reise eine Walz. Ich war in der BRD in 4 Städten auf Arbeitsstellen in 2 Berufen zeitweilig tätig und habe dort sowie in Italien reiche berufliche Erfahrungen sammeln können.
Man kann meine Handlungsweise auch faustisch nennen. Um der Erkenntnis willen, habe ich mich mit dem Bösen verbündet. Das Böse steht hier nicht für die BRD, sondern für den Geist der Gesetzesverletzung, gemäß §213 d StGB d. DDR. Die Rolle des Weltgeistes, der den alten Faust vor der Verdammnis bewahrte, ist nun in Ihre Hände gelegt.

Hochachtungsvoll
K. Müller

Cornelia Geißler

Das ist sein Buch. Ich bin der Müller
Ein Interview ________________________ 1995

In der »Berliner Zeitung« vom 31. 10. 1995 erschien folgendes Interview, das die Redakteurin Cornelia Geißler mit dem Schriftsteller Friedrich Christian Delius und dem Vorbild für dessen literarische Figur Paul Gompitz, Klaus Müller, führte:

Berliner Zeitung: Wie sind Sie zu der Geschichte gekommen?

Friedrich Christian Delius: Erst einmal hat er die Geschichte erlebt.

Klaus Müller: Also erzähle ich das jetzt. Ich wollte eigentlich mit dieser Reise auch meinen literarischen Ehrgeiz befriedigen. Deshalb habe ich aus Italien Briefe an fiktive Freunde geschrieben. Die habe ich später dem Mitteldeutschen Verlag in Halle geschickt. Aber dort fand man sie nicht gut. Und als ich nach dem Mauerfall der »Wochenpost« das Thema angeboten hatte, bekam ich gesagt, es sei nicht mehr interessant.

Weil nun alle reisen konnten?

Müller: Genau. Aber eines schönen Tages im Frühjahr 1992 begann in der »Ostsee-Zeitung« eine Serie über Grenzdurchbrüche: »Über die Ostsee in die Freiheit«. Da habe ich einem Journalisten gesagt: Ich habe aber was Tolleres. Der fand das auch und hat meine Erlebnisse aufgeschrieben. Dieser Artikel fiel Christian [...] in die Hände. [...]

Das Buch ist vor wenigen Wochen erschienen. Sind Sie mit dem Ergebnis zufrieden?

Delius: Sehr. Ich habe daran härter gearbeitet, als man ihm ansieht. Denn ich wollte mich selbst völlig zurücknehmen und nur als Erzähler eine unerhörte Begebenheit in literarische Sprache bringen – wenn man so will, um diesem Mann, dieser Tat ein literarisches Denkmal zu setzen.

Und Sie, das Vorbild der Erzählung, wie gefällt Ihnen das Buch?

Müller: Ich finde es auch gut. Vor allem die Passagen, die ich verdrängt hatte, weil sie so unangenehm waren: die Zeit, als ich im Westen versucht hatte, mit meiner Hände Arbeit ein bisschen Kohle zu machen.

Am Telefon erzählten Sie, dies sei ein »Wessi-Buch«. Daraus höre ich, dass sie nicht ganz zufrieden sind.

Müller: Das müssten Sie als Ossi-Frau verstehen. Bei der Vorbereitungsphase der Reise ist von Ängsten die Rede, die dem Wessi unter die Haut gehen, die wir aber gar nicht mehr hatten. Zum Beispiel war es doch ganz normal, West-Radio zu hören.

Aber so öffentlich, wie im Buch geschildert?

Müller: Ich meinte es damals als Gag, als ich sagte: Mensch, macht das Ding aus, es könnte ja jemand von der Stasi kommen. Da waren die Typen schon in der Kneipe.

Delius: So habe ich es doch geschrieben. Und der Bezeichnung »Wessi-Buch« widerspreche ich ganz entschieden. Abgesehen davon, dass das Buch im Osten wie im Westen gleichermaßen gut ankommt, ist es so geschrieben, dass beide Seiten sich darin wiedererkennen und keiner sagen kann: Wir waren besser als ihr.

Müller: Schlimm ist nur, dass der Rowohlt-Verlag dies zu einem schwejkschen Abenteuer erklärt. Der »Vorwärts« schrieb in seiner Rezension sogar: »Die Abenteuer eines Schwejk aus der ehemaligen DDR«. Sie sollten Ihrer Ostleserschaft erklären: Dies war eine Reise im besten preußisch-aufklärerischen Sinn. Preußisch nicht zuletzt deshalb, weil auch eine militärische Komponente dazugehörte. Wenn ich mich nicht in das militärische Denken dieser Flachköpfe hineinversetzt hätte, wäre das nichts geworden.

[...]

Ist eigentlich alles authentisch, was F. C. Delius beschreibt?
Müller: Bis auf meine Familienverhältnisse: Meine Frau hat einen anderen Beruf. [...].
Sie gehen ziemlich kritisch mit dem Westen um. Ist es Ihnen nicht manchmal schwer gefallen, das so zu schreiben?
Delius: Das sind seine realen Erlebnisse. Es hätte auch wesentlich schärfer und böswilliger sein können. Ich wollte aber den Ton des Chronisten, der eine Geschichte aus der Vergangenheit erzählt, die noch sehr nahe ist. Außerdem habe ich bei meiner Arbeit schon immer versucht, den kritischen Blick in alle Richtungen zu lenken. Dadurch waren viele Erfahrungen von Klaus Müller sofort nachvollziehbar für mich. Das sind keine Klischees, wie manche Leute meinen, die in schicken Büros sitzen und eine Rezension darüber schreiben. [...]
Was erwarten Sie von der Literatur, als Leser?
Müller: In DDR-Zeiten haben wir ja sehr viel von der Literatur erwartet, weil die Presse völlig versagt hatte. Aber heute kann die Presse viel mehr zum Verstehen der Gesellschaft tun. Die Literatur könnte das auch. [...]
Nun sind seit der Reise einige Jahre vergangen. Haben Sie sich daran gehalten, was Gompitz sich im Buch für den Umgang mit Westdeutschen überlegt hatte: »Besser dümmer stellen, als du bist«?
Müller: Das ist die Fantasie des Schriftstellers. Ich hab' mich nie dümmer gestellt, als ich bin. Das ist sein Buch. Und der Gompitz bin ich ja nicht. Ich bin der Müller.

Arbeitsanregungen

1. Schreiben Sie in der Rolle von Klaus Müller einen Brief an die »Berliner Zeitung«, in welchem Müller ausführlicher begründet, warum er mit der literarischen Figur des Gompitz nicht identifiziert werden will.

2. Bereiten sie ein schriftlich fixiertes Statement über das Grundproblem dokumentarischer Literatur vor, das Sie exemplarisch konkretisieren mit der Antwort auf die Frage: Was unterscheidet den Bericht der »Ostsee-Zeitung« substanziell von Delius' Text? Die verschiedenen Statements dienen dem Kurs als Ausgangspunkt für die Diskussion über den literarischen Charakter der Erzählung.

3. Erörtern Sie, in Anknüpfung an den Schluss des Interviews der »Berliner Zeitung«, in der Art einer Podiumsdiskussion oder eines offenen Diskurses die Frage nach den Möglichkeiten der Literatur, gesellschaftlich und politisch zu wirken.

4. Führen Sie innerhalb Ihres Kurses bzw. Ihrer Klasse eine Pro-und-Kontra-Debatte zu der von Müller aufgeworfenen Frage durch, ob es sich um ein »Wessi-Buch« handelt.

5. Im Interview wehrt sich Delius gegen den Vorwurf, er habe ein »Wessi-Buch« geschrieben. Gehen Sie in einem kurzen Essay der Frage nach, vor welchen spezifischen Schwierigkeiten ein »Ossi-Autor« bei der literarischen Verarbeitung der Flucht- und Rückkehrgeschichte Klaus Müllers gestanden hätte.

Verstehen und Deuten

Information und Illustration

Begriffe aus der Seglersprache

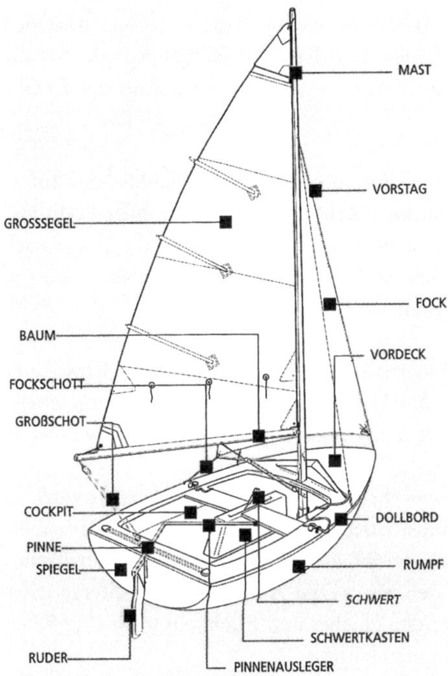

Die Reiseroute Johann Gottfried Seumes

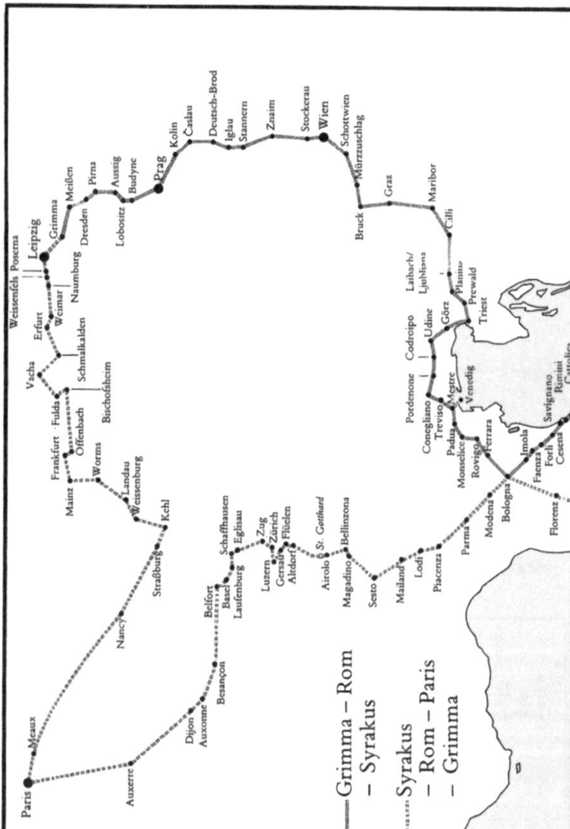

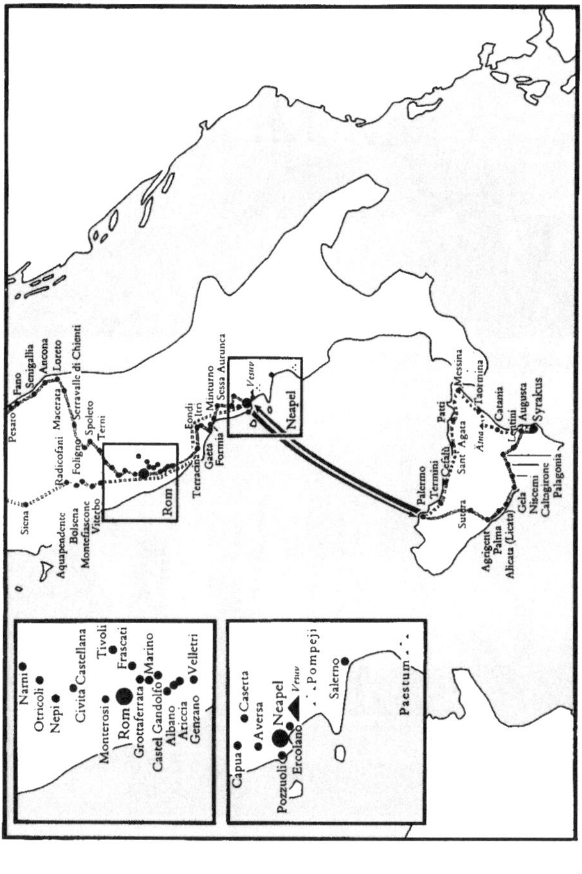
Pesaro
Fano
Senigallia
Ancona
Loreto
Macerata
Serravalle di Chienti
Spoleto
Terni
Foligno
Radicofani
Siena
Aquapendente
Bolsena
Montefiascone
Viterbo
Rom
Terracina
Fondi
Itri
Gaeta
Formia
Minturno
Sessa Aurunca
Vesuv
Neapel
Palermo
Termini
Cefalù
Sant' Agata
Patti
Messina
Taormina
Ätna
Catania
Lentini
Augusta
Syrakus
Palagonia
Caltagirone
Niscemi
Gela
Sutera
Agrigent
Palma
Alicata (Licata)
Narni
Otricoli
Nepi
Civita Castellana
Tivoli
Frascati
Marino
Monterosi
Rom
Grottaferrata
Castel Gandolfo
Albano
Ariccia
Genzano
Velletri
Capua
Caserta
Aversa
Neapel
Vesuv
Pompeji
Salerno
Paestum
Pozzuoli
Ercolano

Beginn und Ziel der Reise von Klaus Müller

Rostock, Hafen

Syrakus, Säule des Jupitertempels

Arbeitsanregungen

1. Zeichnen Sie mithilfe eines Atlasses oder einer Europakarte eine Skizze des Weges, den Gompitz genommen hat, und vergleichen Sie seinen Weg mit der Route Seumes.

2. Verfassen Sie einen fiktiven Dialog, in dem Seume und Gompitz sich über ihre unterschiedlichen Wege nach Syrakus austauschen.

3. »Ausgerechnet Syrakus!« Schreiben Sie unter diesem Titel Ihre Gedanken über Gompitz' tiefere Beweggründe auf, gerade Syrakus zum Ziel seiner Reise zu wählen.

4. »Spaziergang mit dem Intercity, na ja …« (S. 111). Tauschen Sie im Kurs Ihre Gedanken über den Titel der Delius-Erzählung aus.

5. Untersuchen Sie je einen Abschnitt aus dem Artikel der »Ostsee-Zeitung« vom 18.4.1992 über Klaus Müllers Flucht (S. 162–166) und aus der Erzählung von Delius unter stilistischen Aspekten. Schätzen Sie die Wirkung der Darstellungsweisen ab und vergleichen Sie.

Die Grenzen der DDR

Bilder der Grenze

»Sie hat ihre Besonderheiten, die 2758 Kilometer lange Grenze unserer Heimat. Im Norden mit 338 Kilometern Seegrenze, im Osten und Südosten auf 881 Kilometern Nahtstelle zwischen befreundeten Nationen, wird sie im Süden und Westen zur 1378 Kilometer langen Trennlinie zwischen zwei entgegengesetzten Weltsystemen, und das ist sie sogar auf 161 Kilometern inmitten unseres Territoriums.«

DDR-Grenzpolizist, Fotomontage 1961

Peter Fechter wird am 17. August 1962 bei einem Fluchtversuch von Grenzbeamten der DDR erschossen.

Dietmar Schultke

Die innerdeutsche Grenze 1999

Die innerdeutsche Grenze, auch Zonengrenze, »Pieck-Allee« oder »Antifaschistischer Schutzwall« genannt, hat 45 Jahre Siedlungen und Landschaften geteilt, Verkehrswege zerschnitten und das Dasein von Millionen Menschen tief geprägt. Die seit November 1946 von Einheiten der Grenzpolizei bewachte 13 993 km lange Demarkationslinie wurde zu einer perfekten Sperranlage ausgebaut: Ab 1952 riegelte eine 5-km-Zone das Hinterland ab; etwa 11 000 Einwohner sind damals zwangsumgesiedelt worden. 1960 verlegte man die ersten Minen an der »grünen Grenze«. Um nicht Leib und Leben zu riskieren, gingen viele über die offene Sektorengrenze in Berlin. Auch nachdem dieses Schlupfloch im Sommer 1961 dichtgemacht wurde, flohen DDR-Bürger aus dem »mitteldeutschen Arbeiterparadies«.

Gesetz über die Staatsgrenze der Deutschen Demokratischen Republik (Grenzgesetz) vom 25. März 1982

§ 17 Grenzverletzungen

Grenzverletzungen im Sinne dieses Gesetzes sind alle Handlungen, die gegen die Unverletzlichkeit der Staatsgrenze oder die territoriale Integrität der Deutschen Demokratischen Republik gerichtet sind, sowie Handlungen, die das Hoheitsgebiet oder den Verlauf der Staatsgrenze der Deutschen Demokratischen Republik beeinträchtigen. Dazu gehören:

a) Das Schießen oder Werfen von Gegenständen über die Staatsgrenze,
b) das widerrechtliche Passieren der Staatsgrenze,
c) das widerrechtliche Eindringen in die See- oder Grenzgewässer oder das widerrechtliche Verlassen der See- und Grenzgewässer,
d) die Verletzung der Bestimmungen über das Ein- und Auslaufen, den Aufenthalt oder das Durchfahren der See- und Grenzgewässer [...]

§ 27 Anwendung von Schusswaffen

(1) Die Anwendung der Schusswaffe ist die äußerste Maßnahme der Gewaltanwendung gegenüber Personen. Die Schusswaffe darf nur in solchen Fällen angewendet werden, wenn die körperliche Einwirkung ohne oder mit Hilfsmitteln erfolglos blieb oder offensichtlich keinen Erfolg verspricht. Die Anwendung von Schusswaffen gegen Personen ist erst dann zulässig, wenn durch Waffenwirkung gegen Sachen oder Tiere der Zweck nicht erreicht wird.

(2) Die Anwendung der Schusswaffe ist gerechtfertigt, um die unmittelbar bevorstehende Ausführung oder die Fortsetzung

einer Straftat zu verhindern, die sich den Umständen nach als ein Verbrechen darstellt. Sie ist auch gerechtfertigt zur Ergreifung von Personen, die eines Verbrechens dringend verdächtig sind.

Anke Springer

Mehr als 1000 Tote an der Grenze ______ 2003

BERLIN, 12. August. An den Grenzen der DDR und zuvor der sowjetischen Besatzungszone sind nach Angaben der Arbeitsgemeinschaft 13. August 1008 Menschen ums Leben gekommen, darunter 215 an der Berliner Mauer. Damit erhöht sich die Zahl der Opfer noch einmal um 23 Personen, die in dieser Statistik von 1946 bis 1989 aufgeführt werden. [...] 1989 war die Gruppe noch von knapp 200 Toten ausgegangen. Die Zahl wurde inzwischen vielfach nach oben korrigiert und umfasst beispielsweise auch die Namen von Personen, die über die Ostsee in den Westen flüchten wollten, Unfälle mit Schusswaffen und Soldaten, die von Flüchtlingen auf dem Weg in den Westen getötet wurden. »Wir möchten, dass das DDR-Regime nicht verharmlost wird«, sagte Hildebrandt, die im Namen der Arbeitsgemeinschaft ein Denkmal mit allen Namen und Geburtsdaten der Getöteten forderte. Anders als die Arbeitsgemeinschaft 13. August hat die frühere Zentrale Ermittlungsstelle Regierungs- und Vereinigungskriminalität (ZERV) nur 421 Todesfälle durch Fremdverschulden erfasst.

Die Sperranlagen der DDR

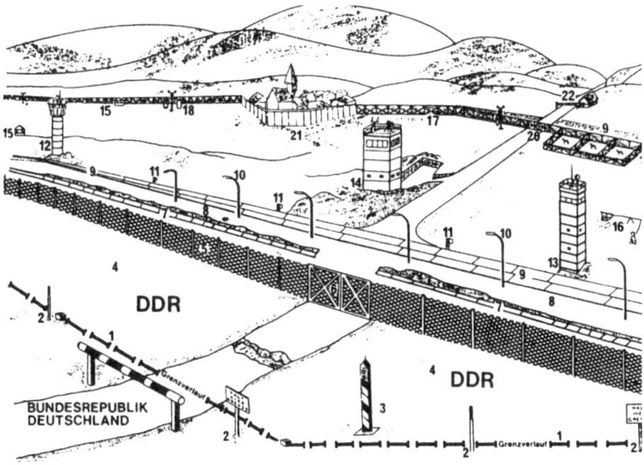

1 Grenzverlauf mit Grenzsteinen
2 Grenzhinweisschild bzw. -pfahl
3 DDR-Grenzsäule (ca. 1,8 m hoch, schwarz-rot-gold mit DDR-Emblem
4 Abgeholzter und geräumter Geländestreifen
5 Einreihiger Metallgitterzaun (ca. 3,2 m hoch)
6 Durchlass im Metallgitterzaun
7 Kfz-Sperrgraben (mit Betonplatten befestigt)
8 ca. 6 m bzw. 2 m breiter Kontrollstreifen (Spurensicherungsstreifen)
9 Kolonnenweg mit Fahrspurplatten (Lochbeton)
10 Lichtsperre
11 Anschlusssäule für das erdverkabelte Grenzmeldenetz
12 Beton-Beobachtungsturm (BT 11)
13 Beton-Beobachtungsturm (2 x 2 m)
14 Beton-Beobachtungsturm (4 x 4 m zum Teil noch mit Führungsstelle)
15 Beobachtungsbunker
16 Hundelaufanlage
17 Modifizierter Schutzstreifenzaun mit elektronischen und akustischen Signalanlagen
18 Stromverteilungs- und Schalteinrichtungen am modifizierten Schutzstreifenzaun
19 Hundefreilaufanlage
20 Durchlasstor im Schutzstreifenzaun mit Signaldrähten
21 Betonsperrmauer/Sichtblende
22 Kontrollpassierpunkt zur Sperrzone

Flüchtlinge und Grenztote. Statistik — 1999

Flüchtlinge und Übersiedler 1949–1961: 2 738 562

Flüchtlinge und Übersiedler (1961–1988)

Jahr	mit Genehmigung zur Übersiedlung	Flucht unter mäßigem Risiko	Flucht unter hohem Risiko	Freikauf
13.8.1961 bis 1962	5 315	54 097	14 268	
1963–1964	59 677	17 984	6 847	
1965–1966	33 341	16 277	4 065	
1967–1968	24 322	8 949	2 338	
1969–1970	24 171	8 226	2 094	
1971–1972	23 192	9 303	2 077	
1973–1974	16 595	9 035	2 811	
1975–1976	20 332	9 838	1 283	
1977–1978	16 312	6 701	1 182	
1979–1980	17 778	4 320	887	2 293
1981–1982	20 206	4 881	581	2 973
1983–1984	42 711	5 718	420	3 468
1985–1986	38 734	7 774	370	4 212
1987–1988	40 492	15 079	878	341
Gesamt	383 181	178 182	40 101	15 287

Grenztote	vor 13.8.61	ab 13.8.61	Gesamt
Berliner Grenze/Mauer	16	239	255
Innerdeutsche Landgrenze	104	272	376
Ostsee	15	174	189
Grenzen von Bulgarien, ČSSR, Polen, Ungarn (nur DDR-Bürger)	4	43	47
Sonstige Fluchtwege (Flugzeugentführung, Warenexport, Transitwege)	0	7	7
Angehörige des DDR-Grenzdienstes bei der Fluchtabwehr	11	16	27
Sowjetische Fahnenflüchtige	11	10	21
Flugzeugabschüsse im Grenzgebiet	18	3	21
Gesamt	179	764	943

Christine Müller/Bodo Müller

Die nasse Grenze — 2000

Heute weiß nahezu jeder Deutsche, wie das SED-Regime den DDR-Bürgern den Landweg in die Freiheit versperrte. Über die Berliner Mauer und den Stacheldraht an der Westgrenze gibt es Dokumentationen in Fülle.

Doch nur wenige wissen, wie Herr Honecker seinen Landsleuten den freien Zugang zum Meer verwehrte. Während Grenztruppen und Stasi im Binnenland jede Pfütze Wasser ummauerten, die nur irgendwie die Westgrenze tangierte, konnte man vor der Ostsee keine Mauer bauen.

[...] Der weitaus größere Teil der Außenküste zwischen der Lübecker Bucht im Westen und der Pommerschen Bucht im Osten blieb »offen«. Für dieses Gebiet schufen die Grenzbrigade Küste, die BDVP [Bezirksbehörde der Deutschen Volkspolizei] Rostock und die Stasi-Bezirksverwaltung Rostock mit einem ausgeklügelten Sicherheitssystem eine unsichtbare Mauer, die nicht weniger unmenschlich war als das bekannte Bauwerk in Berlin. [...]

Das landseitige System der Grenzsicherung

Etwa 5 km südlich der eigentlichen Küste begann die militärisch organisierte Überwachung der einheimischen Bevölkerung und der Ostsee-Urlauber. [...]

Während die militärischen Truppen der 6. Grenzbrigade Küste vorrangig an der unmittelbaren Küstenlinie [...] im Einsatz waren, wurde das Hinterland von der Volkspolizei und einem zivilen Spitzeldienst so genannter freiwilliger Grenzhelfer abgesichert. [...] Diese Grenzhelfer wurden aus nahezu allen Bevölkerungskreisen rekrutiert. [...] Der freiwillige Grenzhelfer bekam für seinen Dienst keinen Lohn, denn es war ehrenamtliche gesellschaftliche Arbeit. [...]

Erschreckend ist, wie viele zivile Seefahrer Spitzeldienste als freiwillige Grenzhelfer verrichteten. [...] Nahezu unfassbar ist, dass selbst viele Fischer in geheimer Mission ihre eigenen Kollegen und andere potenzielle See-Flüchtlinge observierten. [...]

Wenn man heute die Verantwortung für die Opfer auch an der ehemaligen Ostseegrenze der DDR allein SED-Chef Honecker und Stasi-Chef Mielke zuspricht, ist das nur die eine Seite. Das Unrechtsregime wäre nicht möglich gewesen, hätte es nicht das Heer der zivilen Hilfskräfte gegeben.

Das seeseitige System der Grenzsicherung

Zu den Fahrzeugen der 6. Grenzbrigade Küste gehörten insgesamt 34 Schiffe. [...] Insgesamt waren 534 Einsatzkräfte auf See. Zusammen mit dem Stab gehörten zur seeseitigen Sicherung rund 800 Personen. [...]

Die meisten Fluchtversuche erfolgten an drei Schwerpunkten:

- aus der westlichen Wismarer Bucht direkt nach Schleswig-Holstein,
- ab Fischland/Darß zum internationalen Schifffahrtsweg,
- ab Rügen oder Hiddensee zur dänischen Insel Mön.

Häufigste Fluchtzeiten waren Spätsommer und Herbst, wenn die Nächte lang genug und die Ostseegewässer noch warm waren. Die Nachtstunden an den Wochenenden waren Hauptzeiten für Fluchtversuche.

Das wusste die Grenzbrigade Küste sehr genau und verließ samstags und sonntags in der Morgendämmerung mit Suchschiffen die DDR-Hoheitsgewässer, um auf der offenen See nach Fluchtbooten zu suchen, die sich über Nacht unentdeckt entfernt hatten. Zu diesem Zweck wurden zwei russische Kampfhubschrauber vom Typ Mi 4 der Volksmarine in Stralsund mit eingesetzt. [...]

Die Jagd auf wehrlose Menschen wurde auch dann noch fortgesetzt, wenn die Flüchtlinge die DDR-Hoheitsgewässer schon längst verlassen hatten und theoretisch bereits in Freiheit waren. [...]

PM 18

[...] Um die Territorialgewässer befahren zu dürfen, benötigte jedes Crewmitglied eine »PM 18«. Hinter dieser Abkürzung steckt der Begriff »Pass- und Meldewesen« der Volkspolizei.

Um in den Besitz einer PM 18 zu kommen, musste das Crewmitglied im Herbst des Vorjahres über seine Betriebssportgemeinschaft einen entsprechenden Antrag einreichen. Das Papier wurde dann kurz vor Saisonbeginn ausgegeben und trug das Dienstsiegel des jeweiligen Volkspolizei-Kreisamtes.

Doch schon zu DDR-Zeiten war es ein offenes Geheimnis, dass über die Gewährung der PM 18 nicht von der Volkspolizei, sondern hinter den verschlossenen Türen der Staatssicherheit entschieden wurde. Damit sollte ausgeschlossen werden, dass nicht-systemkonforme Bürger an der Küste segeln durften. [...]

Seitens der Stasi wurde eigens zu diesem Zweck ein ausgeklügeltes System der Bespitzelung der Wassersportler eingerichtet. Diese so genannte Sicherheitsüberprüfung erfolgte dann durch Stasi-Mitarbeiter lange vor der eigentlichen Segelsaison. Die meisten ehemaligen DDR-Segler ahnen selbst heute noch nicht, wie weit früher die Stasi mit konspirativen Mitteln in ihr Privatleben vordrang. [...] die gesamte Anweisung zur Bespitzelung einer Einzelperson umfasst 31 Seiten!

Arbeitsanregungen

1. Werten Sie die Statistiken auf der Seite 182 aus und kommentieren Sie sie.

2. Schreiben Sie unter Rückgriff auf Ihre Kenntnisse und die vorangehenden Materialien ein Kapitel für ein Geschichtsbuch, das die Zeit des geteilten Deutschland behandelt.

3. Versuchen Sie in einer Rollendiskussion, in der die Positionen unterschiedlich denkender und fühlender DDR- und BRD-Bewohner sowie DDR- und BRD-Politiker vertreten sind, den durch die Teilung Deutschlands bestimmten Mentalitäten nachzuspüren.

4. Forschen Sie nach Fluchterfahrungen und Erzählungen darüber in Ihrer eigenen Familie. Verarbeiten Sie die Ergebnisse Ihres Nachforschens in einem Radio-Feature.

Wolf Biermann

Ballade vom preußischen Ikarus — 1978

Da, wo die Friedrichstraße sacht
den Schritt über das Wasser macht
da hängt über der Spree
die Weidendammerbrücke. Schön
kannst du da Preußens Adler sehn
wenn ich am Geländer steh

dann steht da der preußische Ikarus
mit grauen Flügeln aus Eisenguss
dem tun seine Arme so weh
er fliegt nicht weg – er stürzt nicht ab
macht keinen Wind – und macht nicht schlapp
am Geländer über der Spree

Der Stacheldraht wächst langsam ein
tief in die Haut, in Brust und Bein
ins Hirn, in graue Zelln
umgürtet mit dem Drahtverband
ist unser Land ein Inselland
umbrandet von bleiernen Welln

da steht der preußische Ikarus
mit grauen Flügeln aus Eisenguss
dem tun seine Arme so weh
er fliegt nicht weg – und stürzt nicht ab
macht keinen Wind – und macht nicht schlapp
am Geländer über der Spree

Und wenn du wegwillst, musst du gehn
ich hab schon viele abhaun sehn
aus unserm halben Land
ich halt mich fest hier, bis mich kalt
dieser verhasste Vogel krallt
und zerrt mich übern Rand

dann bin ich der preußische Ikarus
mit grauen Flügeln aus Eisenguss
dann tun mir die Arme so weh
dann flieg ich hoch – dann stürz ich ab
mach bisschen Wind – dann mach ich schlapp
am Geländer über der Spree

Günter Kunert

Disziplinierung 1981

Heute wird bei uns zu Haus keiner mehr öffentlich verbrannt, niemand wird auf einem der zentralen Plätze der Stadt vor aller Augen geköpft. Darum nennen wir uns zivilisiert. Verstöße gegen jene, die Macht ausüben, gegen ihre Interessen, welche sie scheinbar objektiven Machtinteressen gleichsetzen, werden nun anders geahndet. Hinter einem unantastbaren Schleier dicht gewirkter, aber unbewiesener Behauptungen und im Schutz einer Sprache, erfunden, um alles Schwarze weiß nennen zu können, finden offenkundig Torturen statt. Zwar geht der Betroffene umher, zeigt sich im alltäglichen Anzug, isst, trinkt, spricht, als geschähe nicht, was ihm geschieht: seine unauffällige und doch weithin annoncierte Hinrichtung. Zuerst wird ihm das Wort entzogen, später die Stimme und am Ende die Luft, sodass er in seinen vier Wänden an sich selber erstickt, ohne gerade das Aufsehen zu erregen, welches benötigt würde, den Vorgang aufzuhalten. Eines Tages aber bringt man die vertrocknete Gestalt ins Freie und stellt sie aus: Zur Warnung der Lebenden und vor allem – der anderes Leben Wollenden.

Reiner Kunze

Schießbefehl 1978

»Ich fahre zum Vater, sagt er, nimmt das Motorrad, und ich denke, warum kommt er denn nicht wieder, wo der bloß bleibt, langsam werde ich unruhig, da kommen die und sagen, ich soll nach P... kommen, er hat über die Grenze gewollt, und sie haben ihn erwischt. Also bin ich mit dem nächsten Zug nach P... gefahren, er hat schon gestanden, sagen sie, und als ich mich nicht mehr beherrschen konnte und mir die Tränen kamen, haben sie gesagt, machen Sie sich keine Sorgen, gute Frau, Ihr Gerhard lebt, er hat gut gegessen, und jetzt schläft er. Und wenn's während der Armeezeit gewesen wäre, wär's schlimmer. Er hatte doch gerade erst seinen Facharbeiter mit Abitur gemacht, und am Montag sollte er einrücken ... Und dann, am Montagnachmittag, kommen die von hier und sagen, ich soll am Dienstag nach P... kommen. Ich backe einen Kuchen, kaufe ein, und dann sagen sie mir in P..., ob ich denn nichts wüßte, ob denn unsere nichts gesagt hätten, er hat sich erhängt. Mit der Unterhose. Und sie hätten ihm einen Zettel gegeben, ob er mir nicht ein paar Worte schreiben wollte, aber er hätte abgelehnt. Wie er mir das hat antun können ... Und sehen darf ich ihn nicht, nur noch kurz vor der Feier, die im Gefängnis stattfindet. Aushändigen können sie mir nur die Urne.«

Frank-Wolf Matthies

Gedicht von Konsequenz & Nutzen ________ 1979

1

zwölf hände reichen
nicht mehr aus zu zählen
den abgang in den eignen
reihn. die republik läuft aus
wie rostige spritkanister
: bald bin ich hier
mit honecker
allein

wir wollen sozialismus
doch wenns so weitergeht
dass jeder der die schnauze
voll hat den weg nach westen
geht, dann gehen wir zugrunde
(die speichellecker gehn
bergauf)

: dann machen die im westen
noch vor uns revolution

2

: & wir stehen an der mauer
& sehen dann genauer, wie
man es besser macht

Uwe Kolbe

die schuldigen 1979

sterben, leider, meist

an schnupfen
in einem großen bett
nahe beim flughafen
also

eines natürlichen todes

Heinz Czechowski

Was mich betrifft 1983

Erziehungsberechtigt,
Und doch
Ständig bedroht von meinen Erziehern;

Mit gelockerter Zunge
Mündig geworden,
Und doch
Ständig angehalten, den Mund zu halten,

Geh ich –
Ich sagt' es schon einmal –
Noch immer im Kreis.

Auf mich also verwiesen
Im Guten und Schlechten,
Teile ich mit:

M

Was mich betrifft,
So bin ich ich.

Die Zunge der Schlange ist
Geschickter als meine,
Die Haut des Chamäleons
Passt sich vortrefflicher noch als die meine
Den jeweils herrschenden Umständen an.

Meine Vorzüge, ich gebe es zu,
Sind vergleichsweise gering: aber

Dass ich nicht kriechen kann
Und meine Farbe nicht wechseln
Je nach Belieben
Ist auch eine Gnade, für die ich

Niemand zu danken habe,
Außer mir selbst.

Durs Grünbein

Novembertage I. 1989 — 1989

An diesem Abend brach ein Stottern die Gesetze,
Ein Lesefehler hob die heiligen Verbote auf.
So nüchtern wie die Meldung in die Welt ging
Vor Mikrofon und Kamera, war jener Spuk vorbei,
Den sie verordnet hatten. Erstmals sah man
Die kommunistischen Auguren zögernd lächeln
Wie Spieler, die verlieren, und jetzt wissen sie,
Was sie, gewiegt in Sicherheit, vergessen hatten.
Mit einer letzten Drohung, einer Atempause,
Erklärten Greise meine Geiselnahme für beendet.
In dieser Nacht, als man die Schleusen aufzog,
Ergoss ein Menschenstrom sich in den hellen Teil
Der Stadt, die eine Festung war seit dreißig Jahren,
Geschleift von einem falschen Wort im Protokoll.
Bevor die Eisentore widerriefen, hob die Menge
Den Bann auf, der hier alle Muskeln lähmte.
Mit offnem Mund am Straßenrand ein Offizier
Stand wie verrenkt, weil kein Befehl mehr lenkte,
Das Machtwort ausblieb wie seit Jahren nie.
Als gegen Morgen auf den Boulevards im Westen,
Nach Feuerwerk und Kreisverkehr und Tränen
Das Freibier ausging, war das Glück vollkommen.
Bei einer Kreuzung stand verlassen, abgebrannt
Bis zu den Rädern, ein Trabant, und die Besitzer
Hatten den Autoschlüssel an den Baum gehängt.
Von ihren Kindern angetrieben, ganze Clans
Zogen durchs Zentrum, orientierungslos und still.
Die Ersten schliefen schon, sie lagen eingerollt
Vorm Kaufhaus selig unter den Vitrinen,
Auf teurem Pflaster träumend freien Grund.

Peter Rühmkorf

Gestern Abend und ganze Nacht TV _________ 1989

10. November

Gestern Abend und ganze Nacht TV. Wieder mal deutsches Schicksalsdatum, 9. November (»Marsch zur Feldherrnhalle« und so genannte, von den Nazis so genannte, »Kristallnacht«) und die Folgen noch gar nicht abzusehen. – 18.57 Pressekonferenz mit 200 Journalisten aus aller Welt und »Hoffnungsträger« Schabowski als offensichtlich überforderter Freudenbote. Berichtet zunächst etwas dröhnig über Sitzung des Zentralkomitees, um sich bei der unvermeidlichen Frage, wie die SED es in Zukunft mit den Flüchtlingsströmen halten werde, rettungslos zu verheddern. Sein gemeinhin sonor in sich ruhender Bierbass verbrodelt im Bodenlosen. Seine Finger fahrig, sein Mienenspiel nervös, nun beginnt er etwas in den Taschen zu suchen – eine Botschaft des Weltgeistes? Na wo ist sie? – ein Papier wird ihm zugereicht, »etwas haben wir ja schon getan – ich denke, Sie kennen das? Nein? Oh, Entschuldigung, dann sage ich es Ihnen: Mir ist eben mitgeteilt worden, dass ... Mitteilung verbreitet worden ist ... Sie müsste eigentlich in Ihrem Besitz sein ...« Dann übergibt er der Öffentlichkeit, was er offenbar selbst noch nicht glauben kann, dass die Grenzen geöffnet sind und »die Ausreise über alle Grenzübergangsstellen erfolgen« könne. Frage: »Wann?« – Schabowski (überfordert, durcheinander, improvisierend): »Das tritt nach meiner Kenntnis sofort, unverzüglich –«

11. Nov. Oi, jetzt geht's aber los: BILD, Butter und Kreditbriefe wandeln in den Landesfarben – die räuberische Aneignung unserer nationalen Symbole durch Private. BILD: »DIE MAUER – DIE TOTEN: 13. August 1961 – 9. November 1989«. Die die meisten Leichen im Keller haben, schreiben die ergreifendsten Nekrologe. Hyänen halten die Toten-

wache. Es gibt eine Grenze, wo der Patrotismus aufhört und das Horst-Wessel-Lied beginnt: »Kameraden, die Rotfront und Reaktion erschossen …«

Gerald Zschorsch

Null Uhr — 1990

Wenn um Mitternacht Lichter verlöschen
und ein kleiner, erschöpfter Staat für
immer untergeht. Stellt Schuld sich ein.
Derer, die durch Kulturträger im Ramsch
der Selbstgefälligkeit Abortdienste
versahen. Es war: ein hündisches Kriechen
der zeitgenössischen Intelligenz der
vormaligen DDR vor den politischen Begriffen.

Jürgen K. Hultenreich

Ich erinnere mich 1993

Da sitz ich nun in diesem Stasi-Hauptquartier
vor einer Akte, die, so heißt es, mich enthält.
Er brüllt und fragt: »Wie leben Sie?« der Offizier,
ich sag: »Ich lebe, auch wie Sie, vom Geld!«

»Nein, nein, wir wissen«, brüllt er, »Sie sind asozial
und Geld in Ihrer Hand ist nicht von Dauer!«
»Man wird hier jedes Mal«, sag ich, und bind den Schal,
»wenn man bei Ihnen ist, ein wenig schlauer!«

»Die Schnauze rechts!«, brüllt er, ich brauch Sie im Profil!«
»Ja, bitte«, sag ich, »mein Gesicht ist Euer!«
»Schlag doch noch einmal rein, der ist debil!«,
befiehlt der Offizier, »dann wirkt der Hultrich neuer!«

Und als ich rauskam dann, mit meinem Neugesicht,
da war's die schönste, dunkle, kalte, weiße Nacht.
Ich ging nach Hause, langsam, langsam, machte Licht
und nahm die Katze in den Arm und hab versehentlich
gelacht.

Arbeitsanregungen

1. Lesen Sie die Texte zur literarischen Verarbeitung des Eingegrenztseins in der DDR aufmerksam durch und lassen Sie diese auf sich wirken. Erläutern Sie nach kurzer Vorbereitung in einer Stuhlkreisrunde Ihren Mitschüler(inne)n, welcher Text Sie persönlich am stärksten angesprochen hat.

2. Informieren Sie sich über die historisch-politischen Hintergründe des Mauerbaus der DDR und gestalten Sie auf dieser Grundlage zu einem oder mehreren der literarischen Verarbeitungsversuche der DDR-Grenze eine Text-Wort-Bild-Collage (auf Plakat, in PowerPoint, als Homepage). Dazu können Sie auch Passagen aus der Erzählung von Delius (S. 9–151), historische Text- und Bild-Dokumente aus dem Materialteil oder andere Quellen verwenden.

3. Verfassen Sie nach der Lektüre der »Ballade vom preußischen Ikarus« einen persönlichen literarischen Text (Erzählung oder Gedicht) über einen erfüllten oder misslungenen Wunsch, einer unangenehmen Situation zu entfliehen oder aus ihr abzuheben.

4. Interviewen Sie Menschen mit Fluchterlebnissen und produzieren Sie unter Rückgriff darauf ein Feature über Fluchtmotive, Fluchtwege, Fluchterfahrungen für einen Radiosender Ihrer Region.

5. Verfassen Sie nach Ihrer Auseinandersetzung mit den literarischen Texten einen essayistischen Text über »Das Ende der DDR und die Banalität des Bösen. Fragen, Hoffnungen und Ängste eines kritischen Zeitgenossen«.

Johann Wolfgang Goethe

Mignon 1795

Kennst du das Land, wo die Zitronen blühn,
Im dunkeln Laub die Gold-Orangen glühn,
Ein sanfter Wind vom blauen Himmel weht,
Die Myrte still und hoch der Lorbeer steht,
Kennst du es wohl?
  Dahin! Dahin
Möcht' ich mit dir, o mein Geliebter, ziehn!

Kennst du das Haus, auf Säulen ruht sein Dach,
Es glänzt der Saal, es schimmert das Gemach,
Und Marmorbilder stehn und sehn mich an:
Was hat man dir, du armes Kind getan?
Kennst du es wohl?
  Dahin! Dahin
Möcht' ich mit dir, o mein Beschützer, ziehn!

Kennst du den Berg und seinen Wolkensteg?
Das Maultier sucht im Nebel seinen Weg,
In Höhlen wohnt der Drachen alte Brut,
Es stürzt der Fels und über ihn die Flut:
Kennst du ihn wohl?
  Dahin! Dahin
Geht unser Weg; o Vater, lass uns ziehn!

Johann Wolfgang Goethe

Italienische Reise 1816

Neapel, Montag, den 12. März.

Alles deutet dahin, dass ein glückliches, die ersten Bedürfnisse reichlich anbietendes Land auch Menschen von glücklichem Naturell erzeugt, die ohne Kümmernis erwarten können, der morgende Tag werde bringen, was der heutige gebracht, und deshalb sorgenlos dahin leben. Augenblickliche Befriedigung, mäßiger Genuss, vorübergehender Leiden heiteres Dulden!

Caserta, den 16. März 1787.

Neapel ist ein Paradies, jedermann lebt in einer Art von trunkner Selbstvergessenheit. Mir geht es ebenso, ich erkenne mich kaum, ich scheine mir ein ganz anderer Mensch. Gestern dacht' ich: »Entweder du warst sonst toll, oder du bist es jetzt.«

Villa Medici in Rom, Zeichnung von Goethe (1787)

Neapel, den 28. Mai 1787.

von Pauw Kornelius von Pauw (1739–1799)

zynischen Philosophen ➔ Seite 223

Was Herr von Pauw in seinen »Recherches sur les Grecs« [Berlin 1787] bei Gelegenheit, da er von den zynischen Philosophen spricht, zu äußern wagt, passt völlig hierher. Man mache sich, glaubt er, von dem elenden Zustande solcher Menschen nicht den richtigsten Begriff; ihr Grundsatz, alles zu entbehren, sei durch ein Klima sehr begünstigt, das alles gewährt. Ein armer, uns elend scheinender Mensch könne in den dortigen Gegenden die nötigsten und nächsten Bedürfnisse nicht allein befriedigen, sondern die Welt aufs schönste genießen; und ebenso möchte ein so genannter neapolitanischer Bettler die Stelle eines Vizekönigs in Norwegen leicht verschmähen und die Ehre ausschlagen, wenn ihm die Kaiserin von Russland das Gouvernement von Sibirien übertragen wollte.

Johann Gottfried Seume

Spaziergang nach Syrakus im Jahre 1802 ____ 1803

Syrakus

Syrakus allein hatte ehemals mehr Einwohner als jetzt die ganze Insel. Nur der dritte Teil der Insel ist bebaut, und dieser ziemlich schlecht. [...] Ehemals schickte man bei der großen Bevölkerung Korn nach Rom, und die Insel wurde für ein Magazin der Hauptstadt der Welt gehalten. Neulich ist man genötiget gewesen, Getreide aus der Levante kommen zu lassen, damit die wenigen ärmlichen südlichen Küstenbewohner nicht Hunger litten. Kann man eine bessere Philippika auf die Regierung und den Minister in Neapel schreiben?

Philippika ➔ Seite 223

Johann Gottfried Seume

Katanien

Hier fängt man wenigstens an, das Unglück des Vaterlandes, die Unordnungen und Malversationen aller Art, die schrecklichen Wirkungen der Unterdrückung und des dummen Aberglaubens recht lebhaft zu fühlen. Die Mönche haben den dritten Teil der Güter in den Händen; und wenn ihre Mast das einzige Übel wäre, das sie dem Staate verursachen, so könnte der grässliche Druckfehler des Menschenverstandes doch vielleicht noch Verzeihung finden. Aber – mein Gott, wer wird ein Wort über die Mönche verlieren!

Malversationen **Unterschlagungen im Amt**

Neapel

Die Möncherei kommt wieder in ihren krassesten Flor, und man erzählt sich wieder ganz neue Bubenstücke der Kuttenträger, die der Schande der finstersten Zeiten gleich kommen. Man sagt wohl, Italien sei ein Paradies von Teufeln bewohnt: das heißt der menschlichen Natur Hohn gesprochen. Der Italiener ist ein edler, herrlicher Mensch; aber seine Regenten sind Mönche oder Mönchsknechte; die meisten sind Väter ohne Kinder: das ist Erklärung genug. Überdies ist es der Sitz der Vergebung der Sünde.

Heinrich Heine

Reisebilder: Italien 1828

Kapitel XXVII

Kennst Du das Land, wo die Zitronen blühn?
Im dunkeln Laub die Goldorangen glühn,
Ein sanfter Wind vom blauen Himmel weht,
Die Myrte still und hoch der Lorbeer steht,
Kennst Du es wohl?
    Dahin! dahin
Möcht ich mit dir, o mein Geliebter, ziehn.

– Aber reise nur nicht im Anfang August, wo man des Tags von der Sonne gebraten und des Nachts von den Flöhen verzehrt wird. Auch rate ich dir, mein lieber Leser, von Verona nach Mailand nicht mit dem Postwagen zu fahren.

Ich fuhr, in Gesellschaft von sechs Banditen, in einer schwerfälligen Carrozza, die, wegen des allzugewaltigen Staubes, von allen Seiten so sorgfältig verschlossen wurde, dass ich von der Schönheit der Gegend wenig bemerken konnte. Nur zweimal, ehe wir Brescia erreichten, lüftete mein Nachbar das Seitenleder, um hinaus zu spucken. […]

Von Brescia weiß ich ebenfalls wenig zu erzählen, indem ich die Zeit meines dortigen Aufenthalts dazu benutzte, ein gutes Pranzo einzunehmen. Man kann es einem armen Reisenden nicht verdenken, wenn er den Hunger des Leibes früher stillt als den des Geistes. Doch war ich gewissenhaft genug, ehe ich wieder in den Wagen stieg, einige Notizen über Brescia vom Cameriere zu erfragen, und da erfuhr ich unter anderen: die Stadt habe 40000 Einwohner, ein Rathaus, 21 Kaffeehäuser, 20 katholische Kirchen, ein Tollhaus, eine Synagoge, eine Menagerie, ein Zuchthaus, ein Krankenhaus, ein eben so gutes Theater und einen Galgen für Diebe, die unter 100 000 Taler stehlen. Um Mitternacht arrivierte ich in Mailand und kehrte ein bei Herrn Reichmann, einem Deutschen, der sein Hotel ganz nach deutscher Weise eingerichtet. Es sei das beste Wirtshaus in ganz Italien, sagten mir einige Bekannte, die ich dort wiederfand und die über italienische Gastwirte und Flöhe sehr schlecht zu sprechen waren. Da hörte ich nichts als ärgerliche Histörchen von italienischen Prellereien [...].

Hermann Hesse

Blick nach Italien 1920

Über dem See und hinter den rosigen Bergen
Liegt Italien, meiner Jugend gelobtes Land,
Meiner Träume vertraute Heimat.
Rote Bäume sprechen vom Herbst.
Und im beginnenden Herbst
Meines Lebens sitz ich allein,
Schaue der Welt ins schöne grausame Auge,
Wähle Farben der Liebe und male sie,
Die so oft mich betrog,
Die ich immer und immer noch liebe.
Liebe und Einsamkeit,
Liebe und unerfüllbare Sehnsucht
Sind die Mütter der Kunst;
Noch im Herbst meines Lebens
Führen sie mich an der Hand,
Und ihr sehnliches Lied
Zaubert Glanz über See und Gebirg
Und die abschiednehmende, schöne Welt.

Arbeitsanregungen

1. Jeder, der reist, nimmt sich selbst mit und nimmt nur das wahr, was er zu erfassen imstande und bereit ist. Bilden Sie nach der Lektüre der Textauszüge von Goethe, Heine und Seume sowie des Briefes von Gompitz (S. 122–127) Hypothesen über charakteristische Sichtweisen, Interessen und Wirkungsabsichten der Verfasser.

2. Goethe legt den größten Teil seiner Italienreise in der Kutsche zurück, Seume geht in der Hauptsache zu Fuß und nutzt gelegentlich ein Maultier, die Kunstfigur Gompitz überwindet wie in der Realität sein Vorbild Müller die Distanzen zwischen den Städten mit der Eisenbahn. Erwägen Sie, welchen Einfluss die unterschiedlichen Medien der Fortbewegung auf die Möglichkeiten der Reiseerfahrung haben könnten.

3. Setzen Sie sich in feuilletonistischem Stil kritisch mit der im Goethes Gedicht »Mignon« (S. 198) und/oder mit der in Hesses Gedicht »Blick nach Italien« (S. 203) zutage tretenden Art der Italiensehnsucht und des Italienbildes auseinander.

4. Formulieren Sie auf Grund der Textausschnitte begründete Vermutungen über die (Un-)Tauglichkeit eines der oben genannten Werke als Schullektüre.

Johann Wolfgang Goethe

Gespräch mit Eckermann ______________ 1827

29. Januar 1827:

Es kam sodann zur Sprache, welchen Titel man der Novelle geben solle; wir taten manche Vorschläge, einige waren gut für den Anfang, andere gut für das Ende, doch fand sich keiner, der für das Ganze passend und also der rechte gewesen wäre. »Wissen Sie was«, sagte Goethe, »wir wollen es die Novelle nennen; denn was ist eine Novelle anders als eine sich ereignete unerhörte Begebenheit. Dies ist der eigentliche Begriff, und so vieles, was in Deutschland unter dem Titel Novelle geht, ist gar keine Novelle, sondern bloß Erzählung oder was Sie sonst wollen. In jenem ursprünglichen Sinne einer unerhörten Begebenheit kommt auch die Novelle in den Wahlverwandtschaften vor.«

Gero von Wilpert

Novelle und Schelmenroman ______________ 2001

Novelle Kürzere Vers- oder meist Prosaerzählung einer neuen, unerhörten, doch im Gegensatz zum Märchen tatsächlichen oder möglichen Einzelbegebenheit mit einem einzigen Konflikt in gedrängter, geradlinig auf ein Ziel hinführender und in sich geschlossener Form und nahezu objektivem Berichtstil ohne Einmischung des Erzählers, epische Breite und Charakterausmalung des Romans, dagegen häufig in Gestalt der Rahmen- oder chronikalischen Erzählung, die dem Dichter eine eigene Stellungnahme oder die Spiegelung des Erzählten bei den Aufnehmenden ermöglicht und den streng tektonischen Aufbau der Novelle, den sie mit dem Drama gemeinsam hat, betont. Die Verwandtschaft zum Drama [...] ist größer als die zum Roman [...]. Beide Formen verlangen geraffte Exposition, konzentriert herausgebildete Peripetie und ein Abklingen, das die Zukunft der Personen mehr ahnungsvoll andeuten als gestalten kann. [...]

Schelmenroman Sonderart des Abenteuerromans, in dessen Mitte die Gestalt des Picaro (= Schelm, »Landstörzer«) steht. Dieser erlangt häufig selbst keinen Eigenwert und ist nicht zur geschlossenen, einheitlichen Individualität im Sinne des Entwicklungs- und Bildungsromans durchgestaltet, sondern seine mannigfaltigen Schicksale und Abenteuer als Umhergetriebener [...], der sich mit allen erlaubten und unerlaubten Mitteln, List und Betrug, Lügen und Schlichen, gerissen durchs Leben schlägt, dienen nur dazu, die vielfältigen dabei berührten Gesellschaftsschichten von der niedersten bis zur höchsten aus der Perspektive von unten her zu desillusionieren: Gesellschaftssatire verbunden mit abenteuerlich-schwankhaften Motiven.

Heinrich Hart

Roman und Novelle — 1907

Allzu verborgen sind [...] die Merkmale nicht, die es ermöglichen, Roman und Novelle zu unterscheiden. Da ist vor allem das eine, dass der Roman ein vielverschlungenes Gewebe von Handlung und Charakteristik gibt, ein umfassendes Gesamtbild, das entweder ein Einzelleben [...] oder eine ganze Zeitepoche umspannt. Der Roman ist gleichsam ein Gebilde von konzentrischen Kreisen. Die Novelle aber ist nur ein Einzelkreis mit einheitlichem Handlungskern, sie bietet nur einen Einzelfall und ein fest in sich geschlossenes Einzelproblem, und zwar in einer bestimmten Momentbeleuchtung. Dadurch erklärt es sich auch, dass dem Roman, der ins Weite geht, das Gebiet des Typischen und Allgemeinen, der Novelle das Absonderliche, Ungewöhnliche, Seltsame, das rein Individuelle näher liegt.

Robert Musil

Die Novelle als Problem — 1914

Ein Erlebnis kann einen Menschen zum Mord treiben, ein anderes zu einem Leben fünf Jahre in der Einsamkeit; welches ist stärker? So, ungefähr, unterscheiden sich Novelle und Roman. Eine plötzliche und umgrenzt bleibende geistige Erregung ergibt die Novelle; eine lang hin alles an sich saugende den Roman. Ein bedeutender Dichter wird jederzeit einen bedeutenden Roman schreiben können (und ebenso ein Drama) […]. Aber man möchte denken, dass er nur als Ausnahme eine bedeutende Novelle schreiben wird. Denn eine solche ist nicht er, sondern etwas, das über ihn hereinbricht, eine Erschütterung; nichts, wozu man geboren ist, sondern eine Fügung des Geschicks. – In diesem einen Erlebnis vertieft sich plötzlich die Welt oder seine Augen kehren sich um; an diesem einen Beispiel glaubt er zu sehen, wie alles in Wahrheit sei: das ist das Erlebnis der Novelle.

Arbeitsanregungen

1. Die Annahme, dass es sich bei der »Erzählung« von Delius um eine Novelle handeln könnte, legt der Autor selber durch die Anspielung auf Goethes Novellendefinition mit dem Zitat der »unerhörten Begebenheit« nahe (vgl. S. 167). Forschen Sie arbeitsteilig in Gruppen unter Berücksichtigung je eines der obigen Texte von Goethe, von Wilpert, Hart und Musil in der Erzählung nach Belegen für deren Novellencharakter.

2. Ernst Osterkamp behauptet in seiner Rezension auf Seite 210: »Dieser reiselustige Kellner gehört durchaus in die Tradition jener literarischen Schelme, deren scheinbar widervernünftiges Verhalten in Wahrheit die Unvernunft der politischen Verhältnisse zu erkennen gibt.« Suchen Sie in der Erzählung unter Rückgriff auf den Artikel »Schelmenroman« von Gero von Wilpert nach inhaltlichen und sprachlichen Belegen für diese These.

3. Entwickeln sie eigene Hypothesen über die Funktion der kursiv gedruckten Kapiteleinleitungen! Setzen Sie sich dabei auch mit den beiden letzten Abschnitten der Rezension von Rainer Moritz auf Seite 211 f. auseinander.

4. Schreiben Sie zu einer Ihnen geeignet erscheinenden Passage der Erzählung einen inneren Monolog des Protagonisten, um sich stärker an dessen Innenperspektive anzunähern.

5. Lesen Sie die kursiv gedruckten Schlusszeilen der Erzählung noch einmal. Schreiben Sie eine Kurzform jener anderen Geschichte, von der dort die Rede ist.

Wirkung und mediale Gestaltung

SPD-Zeitschrift »Vorwärts«

Auf den Spuren Johann Gottfried Seumes von Rostock nach Syrakus — 1995

Was unternimmt einer, dessen Traum es ist, auf den Spuren Johann Gottfried Seumes von Rostock nach Syrakus zu reisen? Vermutlich wird er sparen und sich mit entsprechender Lektüre auf das Land und seine Menschen vorbereiten. So auch Paul Gompitz. Allerdings muss er mit erheblich mehr Widrigkeiten kämpfen als Seume anno 1802 auf seiner Bildungs- und Pilgerfahrt. Denn Gompitz ist Bürger der DDR und der Weg nach Italien ist versperrt durch die – wie er findet – »höchste und ärgerlichste Grenze der Welt«. Das ganze Unternehmen erweist sich um so mehr als Husarenstück, da Paul nicht flüchten, sondern nur auf sein ihm zustehendes Recht auf Bildungsurlaub pocht und natürlich zurück nach Rostock will. Doch bevor er 1988, nach siebenjähriger Vorbereitung, mit einer Jolle von Hiddensee nach Gedser in Dänemark segelt, gilt es, etliche Hindernisse zu überwinden. Der Autor F. C. Delius schildert, wie Paul Gompitz in schweijkscher Manier seine Reisevorbereitungen trifft. Diese Erzählung ist allemal mehr als ein Plädoyer für die Maueröffnung, ansonsten käme sie sechs Jahre zu spät. Sie ist vielmehr eine literarische Bildungsreise, denn ähnlich dem Vorbild Seumes lässt der Autor seinen Helden in Briefen an seine Freunde eine Zustandsbeschreibung des Erlebten anfertigen. Diese Reiseberichte zusammengenommen, lassen ahnen, was in der DDR schiefgelaufen ist.

M

Ernst Osterkamp

Rigoletto für Segler — 1995

[…] Dieser reiselustige Kellner gehört durchaus in die Tradition jener literarischen Schelme, deren scheinbar widervernünftiges Verhalten in Wahrheit die Unvernunft der politischen Verhältnisse zu erkennen gibt.

Nur schade, dass Delius mit seinem Helden nach dessen »Grenzdurchbruch« schier gar nichts mehr anzufangen weiß und dessen Geschichte im letzten Drittel des Buchs weitgehend lustlos zu Ende bringt. […]

In Italien […] verwandelt sich Paul gleich nach dem Grenzübertritt in einen schwer erträglichen Bildungsphilister. […]

Im Herzen des Bildungsphilisters aber wohnt der Kitsch. Als Paul allein vor dem Palazzo Ducale in Mantua steht, da wünscht er sich, dass nun die »Rigoletto«-Ouvertüre erklingen möge, und schon lässt der Wirt einer nahe gelegenen Bar die Musik ertönen, da kommen Paul naturgemäß die Tränen: »als sei dieser Augenblick seine höchste Belohnung, als fielen erst jetzt die tieferen der vielen Grenzen, gegen die er, verzweifelt oder frech, müde oder geduldig, angerannt ist«.

Vielleicht hätte sich ja die Wende mit Hilfe der Überwältigungsästhetik der Oper zügiger herbeiführen lassen. Als Paul jedenfalls nach seiner Rückkehr in die DDR im Oktober 1988 dem ihn vernehmenden Stasi-Offizier sein Mantuaner Erlebnis inklusive Tränen schildert, da sieht er »auf einmal die Augen des Vernehmers feucht werden, was den Erzähler wiederum zu einer zerquetschten Träne rührt«. Ja, so war das ein Jahr vor der Wende; wir sind eben alle nur Menschen, die reisen wollen. Da lacht doch der Tschekist! Dem Leser aber, der die kritische Urteilsfähigkeit von F. C. Delius sonst zu schätzen weiß, wird ganz peinlich zumute.

Tschekist Angehöriger der Tscheka (später KGB), der politischen Polizei im bolschewistischen Russland 1917–1922

Martin Krumbholz

Einsam ist der Mensch ______________ 1995

[...] Darin liegt die objektive Ironie (und die Moral) der Geschichte: Einsam ist der Mensch, der – in politischen Dingen eher indifferent – das scheinbar Unvereinbare mit großer Willenskraft zusammenzwingen will, die Treue eines Menschen zu seinem Land und das Recht des Individuums auf eine individuelle Bildungs und Pilgerreise. [...]

Friedrich Christian Delius hat den schönen Plot mit halbem Herzen (oder halbem Ehrgeiz) umgesetzt. In der ersten Hälfte ist seine Erzählung die detailgetreue Dokumentation einer Willensanstrengung, die zwar auch ihre heiteren Seiten hat, vor allem aber von sehr deutschen Tugenden handelt: von Fleiß, Disziplin, Verschwiegenheit und Beharrlichkeit.

[...] In der zweiten Hälfte – dem eigentlichen Reisebericht – erwartet man gleichsam ein Aufatmen, das sich auch in der Sprache des Chronisten niederschlagen sollte, die heiterer, gelöster, sinnlicher werden müsste: doch stattdessen ereignet sich bloß eine Art Zeitraffer-Baedecker (oder -Seume), als sei die Genuss- und Erlebnisfähigkeit des Reisenden durch die Mühsal der Reisevorbereitungen bereits erschöpft. Oder eben die Einfühlungsgabe des Schriftstellers Delius durch die Mühe ihrer Rekonstruktion.

Rainer Moritz

Der Ritt über die Ostsee ______________ 1995

[...] Seumes berühmt gewordene Reiseprosa verstand sich als Protokoll eines Aufbruchs in die Selbstständigkeit, als Zeugnis einer Emanzipation. Gut einhundertachtzig Jahre später fand Seume einen Nachahmer, einen sächsischen Landsmann, der den alten Traum vom Süden auf frappierende Weise mit neuem Leben erfüllte. [...]

Natürlich vermag das Land [Italien] nicht alle Wünsche zu erfüllen: Rom erweist sich als »Albtraum«, und unser Held wird vom Heimweh ergriffen, nach seiner Küste und nach Helga, der Ehefrau, die er stets im Ahnungslosen ließ. Die Geschichte endet, wie es sich für eine ordentliche Schwejkiade geziemt: Die bereits wankende DDR lässt ihren rückkehrversessenen Sohn wieder ins Land; die Syrakus-Expedition hat ein wundersames Happy-End gefunden.

Was soll diese Geschichte? Ist sie mehr als ein routiniert erzähltes Sommerstück, das Amüsement und ungläubiges Kopfschütteln hervorruft? [...]

»Der Spaziergang von Rostock nach Syrakus« leidet darunter, dass sein Autor sich unterfordert, an keiner Stelle ein Risiko eingeht. An Witz und Humor mangelt es nicht, doch alles verharrt in sorgfältig eingezäuntem Gelände. Spätestens nach fünfzig Seiten ist klar: Hier herrscht Überschaubarkeit, kein erzählerischer Ausbruch, der mit dem korrespondiert, was an Inhalt offeriert wird. Denn immerhin: Es geht schließlich um eine existenzielle Entscheidung; einer setzt sein Leben aufs Spiel, nur um Italien zu sehen. Nichts von diesem Furor findet sich im locker auktorialen Gestus des Textes wieder. Stattdessen: Ausrufezeichen an allen Ecken und Enden, die das Couragierte des Protagonisten gewaltsam herbeireden: »Das weiß ich! Aber nun mal schön langsam! Ich will doch gar nicht nach Gießen!« Das Tremolo der Interpunktion soll verdecken, dass die Figur des gewitzten Hasardeurs Gompitz letztlich wenig Aussagekraft besitzt. Die Leichtigkeit, die die Geschichte auszeichnet, ist genau genommen ein Spiel auf Sicherheit. Was, so geht es einem durch den Kopf, hätte man aus diesem Stoff machen können ...

Arbeitsanregungen

1. Vergleichen Sie die vier Rezensionen miteinander. Arbeiten Sie Gemeinsamkeiten und Unterschiede heraus und halten Sie diese in Stichworten fest. Diskutieren Sie Ihre Ergebnisse anschließend im Plenumsgespräch. Bringen Sie dabei auch Ihre persönlichen Präferenzen mit ein.

2. Schreiben Sie an einen der vier Rezensenten einen Leserbrief, in dem Sie sich kritisch mit dessen Rezension von Delius' Erzählung auseinander setzen und Ihr eigenes Urteil formulieren.

3. Verfassen Sie eine eigene Rezension über Delius' Erzählung. Interessant kann es sein, die entstandenen Texte nicht nur im Kurs einander vorzustellen, sondern sie auch für andere zu dokumentieren. Dazu könnten Sie die Texte im Rahmen eines Kursbuches »Rezensionen« bündeln oder auf einer eigens zu gestaltenden Homepage im Internet einem breiteren Kreis zur Diskussion stellen.

4. Versuchen Sie im Rahmen eines Projekts in Gruppen mediale Aneignungen bzw. Gestaltungen der Erzählung von Delius bzw. der ihr zugrunde liegenden realen Begebenheit. Mehrere Möglichkeiten eines medialen Transfers der Delius-Erzählung bzw. des Müller-Stoffes bieten sich an: die Konzipierung eines Theaterstückes, die Erstellung eines Hörfeatures, das Anfertigen einer Bild-Collage, das Drehen eines Films, die Erstellung eines Internetromans in Text und Bild etc.

Textquellen

Anon.: Auf den Spuren Johann Gottfried Seumes von Rostock nach Syrakus. Aus: Vorwärts. Buch extra 10/95.

Anon.: »Sie hat ihre Besonderheiten …« Aus: Das dicke DDR-Buch. Berlin: Eulenspiegel-Verlag 2002. S. 14.

Biermann, Wolf: Ballade vom preußischen Ikarus. Aus: W. B.: Preußischer Ikarus. Lieder. Balladen. Gedichte. Prosa. Köln: Kiepenheuer & Witsch 1978. S. 103 f.

Cleven, Thoralf: Über die Ostsee nach Italien. Aus: Ostsee-Zeitung vom 18.4.1992.

Czechowski, Heinz: Was mich betrifft. Aus: H. C.: An Freund und Feind. Gedichte. München/Wien: Hanser Verlag 1983. S. 98 f.

Delius, Friedrich Christian: Die Birnen von Ribbeck. Text und Kommentar. Bamberg: C. C. Buchners Verlag 2003. S. 7, 9.

Delius, Friedrich Christian: Der Sonntag, an dem ich Weltmeister wurde. Text und Kommentar. Bamberg: C. C. Buchners Verlag 2000. S. 27, 31.

Delius, Friedrich Christian: Selbstporträt mit Schimpansen. Aus: Vorstellung neuer Mitglieder. Jahrbuch 1998 der Deutschen Akademie für Sprache und Dichtung. Göttingen: Wallstein 1999.

Delius, Friedrich Christian: Die Verlockungen der Wörter oder Warum ich immer noch kein Zyniker bin. (Auszug.). Berlin: Transit 1996. S. 68 f.

Flüchtlinge und Grenztote. Statistik. Aus: Dietmar Schultke: »Keiner kommt durch«. Die Geschichte der innerdeutschen Grenze 1945–1990. Berlin: Aufbau Taschenbuch Verlag 2004. S. 193 f.

Geißler, Cornelia: Das ist sein Buch. Ich bin der Müller. Aus: Berliner Zeitung vom 31.10.1995. S. 38.

Goethe, Johann Wolfgang: Mignon. Aus: J. W. G.: Wilhelm Meisters Lehrjahre. [1794–1796.] Stuttgart: Reclam 1983. S. 148.

Goethe, Johann Wolfgang: Italienische Reise. Aus: J. W. G.: Werke. Hamburger Ausgabe in 14 Bänden. Hrsg. von Erich Trunz. Bd. 11. München: Deutscher Taschenbuch Verlag 1988. S. 199, 336 f.

Goethe, Johann Wolfgang: Gespräch mit Eckermann vom 29. Januar 1827. Aus: Johann Peter Eckermann: Gespräche mit Goethe in den letzten Jahren seines Lebens. Artemis-Gedenk-Ausgabe. Hrsg. von Ernst Beutler. Bd. 24. Zürich: Artemis 1948. S. 225.

Grünbein, Durs: Novembertage I. 1989. Aus: D. G.: Nach den Satiren. Frankfurt/M.: Suhrkamp 1999. S. 64 f.

Hart, Heinrich: Roman und Novelle. Aus: H. H.: Gesammelte Werke. Hrsg. von J. Hart. IV. Bd. Berlin: Fleischel 1907. S. 111–113.

Heine, Heinrich: Reisebilder. Dritter Teil. Reise von München nach Genua. Aus: H. H.: Sämtliche Schriften. Hrsg. von Klaus Briegleb. Bd. 2. München: Deutscher Taschenbuch Verlag 1997. S. 369 f.

Hesse, Hermann: Blick nach Italien. Aus: H. H.: Gedichte des Malers. Frankfurt/M.: Insel Verlag 1985. S. 23.
Hultenreich, Jürgen K.: Ich erinnere mich. Aus: Literatur im Widerspruch. Gedichte und Prosa aus 40 Jahren DDR. Hrsg. von Joachim-Rüdiger Groth. Köln: Edition Deutschland Archiv im Verlag Wissenschaft und Politik Claus-Peter von Nottbeck 1993. S. 71 f.
Kolbe, Uwe: die schuldigen. Aus: U. K.: Hineingeboren. Gedichte 1975–1979. Berlin/Weimar: Aufbau Verlag 1982. S. 48.
Krumbholz, Martin: Einsam ist der Mensch. Aus: Horch und Guck. Heft 17, April 1995. S. 50f.
Kunert, Günter: Disziplinierung. Aus: G. K.: Verspätete Monologe. München/Wien: Hanser Verlag 1981. S. 14f.
Kunze, Reiner: Die wunderbaren Jahre. Frankfurt/M./Wien/Zürich: Büchergilde Gutenberg. 1978. S. 209. (Text in alter Rechtschreibung)
Matthies, Frank-Wolf: Gedicht von Konsequenz & Nutzen. Aus: F.-W. M.: Morgen. Gedichte und Prosa. Reinbek: Rowohlt Taschenbuchverlag 1979. S. 69.
Moritz, Rainer: Der Ritt über die Ostsee. Friedrich Christian Delius' Syrakus-Abenteuer. Aus: Neue Zürcher Zeitung vom 13. 9. 1995. S. 47.
Müller, Christine/*Müller,* Bodo: Die nasse Grenze. Aus: Ch. M./B. M.: Über die Ostsee in die Freiheit. Dramatische Fluchtgeschichten. Bielefeld: Delius Klasing Verlag 2003. S. 11–14, 17f., 20, 42f.
Musil, Robert: Die Novelle als Problem. Aus: Die Neue Rundschau 2 (1914) S. 1166f. © Rowohlt Verlag, Reinbek bei Hamburg.
Osterkamp, Ernst: Rigoletto für Segler. F. C. Delius reist nach Syrakus. Aus: Frankfurter Allgemeine Zeitung vom 10.10.1995, Nr. 235. S. L3.
Rühmkorf, Peter: Gestern Abend und ganze Nacht TV. Aus: P. R.: Tabu I. Tagebücher 1989–1991. Reinbek: Rowohlt 1995. S. 137.
Schultke, Dietmar: Die innerdeutsche Grenze. Aus. D. Sch.: »Keiner kommt durch«. Die Geschichte der innerdeutschen Grenze 1945–1990. Berlin: Aufbau Taschenbuch Verlag 2004. S. 7.
Seume, Johann Gottfried: Spaziergang nach Syrakus im Jahre 1802. Hrsg. und kommentiert von Albert Meier. München: Deutscher Taschenbuch Verlag. 9. Aufl. 2003. S. 158, 162, 218f.
Springer, Anke: Mehr als 1 000 Tote an der Grenze. Arbeitsgemeinschaft 13. August veröffentlicht neue Zahlen. Aus: http://www.berlinonline.de/berliner-zeitung/archiv/.bin/dump.fcgi/2003/0813/politik/0044.
Wilpert, Gero von: Art. »Novelle« und »Schelmenroman«. Aus: G. v. W.: Sachwörterbuch der Literatur. Stuttgart: Alfred Kröner Verlag 2001. S. 556f. und 727.
Zschorsch, Gerald: Null Uhr. Aus: Die Welt vom 10. 11. 1990. S. 18.

Bildquellen

Seite 154: Friedrich Christian Delius. © dpa – Fotoreport.

Seite 165: Skizze der Fluchtroute von Klaus Müller. Aus: Ostseezeitung vom 18.4.1992.

Seite 162: Porträt Klaus Müller und Brief-Faksimile. Aus: Ostseezeitung vom 18.4.1992.

Seite 171: Skizze einer Jolle. Aus: Sarah Ell: Jollensegeln. Stuttgart: Pietsch Verlag 2004. S. 14.

Seite 172 f.: Skizze der Reiseroute Johann Gottfried Seumes. Aus: Johann Gottfried Seume: Spaziergang nach Syrakus. Hrsg., kommentiert und mit einem Nachwort versehen von Albert Meier. Mit zwei Karten von Karl-Friedrich Schäfer. © 1985, 1994 Deutscher Taschenbuch Verlag, München S. 396 f.

Seite 174 oben: Hafen in Rostock. © dpa – Picture-Alliance.

Seite 174 unten: Syrakus, Jupitertempel. © dpa – Fotoreport.

Seite 176: DDR-Grenzpolizist, Fotomontage 1961. © Deutsches Historisches Museum, Berlin.

Seite 177: Erschossener Mauerflüchtling Peter Fechter. © Ullstein Bilderdienst – Udo Gadewoltz.

Seite 178: Grenze im Zentrum Berlins. © Deutsches Historisches Museum, Berlin.

Seite 181: Skizze der DDR-Sperranlagen. Aus: Dietmar Schultke: »Keiner kommt durch«. Die Geschichte der innerdeutschen Grenze 1945–1990. Berlin: Aufbau Taschenbuch Verlag 2004. S. 86.

Seite 199: Zeichnung der Villa Medici von Goethe (1787). © Stiftung Weimarer Klassik und Kunstsammlungen. Foto: Fotothek.

Seite 201: Johann Gottfried Seume. © dpa – Bildarchiv.

Anmerkungen

S. 8

Johann Gottfried Seume (1763–1810), deutscher Schriftsteller aus Sachsen in der Tradition der Aufklärung. Verfasser kulturhistorisch bedeutender Reiseberichte, die in klarer und sachlicher Prosa über die sozialen, ökonomischen, politischen und kulturellen Verhältnisse der Länder berichten, die er bereiste: Russland, Schweden, Finnland und Italien. Seinem Reisebericht »Spaziergang nach Syrakus im Jahre 1802« kommt in der Erzählung von Delius, wie die Anspielung im Titel schon ahnen lässt, eine wichtige Rolle zu.

S. 11

Bloch Ernst Bloch (1885–1977). Im Mittelpunkt seines Werkes steht Hoffnung als Grundvoraussetzung für eine umfassende Humanisierung des Lebens, auch in Verhältnissen, die diese verhindern. In ihr erkennt er die Grundantriebskraft des Marxismus. Sein bekanntestes Werk: »Das Prinzip Hoffnung« (3 Bde, 1954–1959). Nach politischen Divergenzen mit der DDR-Führung siedelte Bloch 1961 in die BRD über.

S. 13

Biermann Wolf Biermann (geb. 1936), Lyriker und Liedersänger, siedelte 1953 von Hamburg in die DDR über. Als kritischer, dem DDR-Regime unbequemer Marxist wurde er 1976 während einer Konzertreise in die BRD gegen seinen Willen ausgebürgert.

S. 20

anschäkeln Mit einem Schäkel (u-förmiges stählernes Verbindungsglied, dessen durchbohrte Enden mit einem Schraubenbolzen geschlossen werden können) befestigen.

S. 22

Halsen Die Halse machen: eine Richtungsänderung auf Kurs vor dem von schräg hinten wehenden Wind, bei der das Heck durch den Wind dreht, der dann auf der anderen Seite einfällt.

S. 35

Otto Nagel Berliner Maler (1894–1967), der vor allem die Welt der Arbeiter realistisch darstellte.

S. 37

Ulbrichts Walter Ulbricht (1883–1973), seit 1927 Mitglied des ZK der KPD. Emigration nach Frankreich (1933) und in die Sowjetunion (1938). Rückkehr 1945. 1946–1950 stellvertretender Vorsitzender der SED und ZK-Mitglied. 1950–1953 Generalsekretär bzw. 1. Sekretär der SED. 1960 Vorsitzender des Staatsrates und Nationalen Verteidigungsrates. Er bestimmte unter sowjetischer Anleitung über 20 Jahre lang die Politik der DDR. 1971 trat er als 1. Sekretär der SED zurück, verlor den Vorsitz im Nationalen Verteidigungsrat, blieb aber bis zu seinem Tod Vorsitzender des Staatsrats.

S. 45

Biedermeierkommode »Biedermeier«: Begriff für eine von der so genannten Restauration bestimmte Kultur- und Stilepoche in Deutschland (1815–1848).

S. 49

»Erich Weinert« Schiff, genannt nach E. Weinert (1890–1953), der propagandistische sozialistische Lyrik geschrieben hat.

S. 58

Hauptmanns »Weber« Gerhart Hauptmann (1862–1946), vor allem bekannt durch naturalistische Dramen, mit denen er lebendige, plastische, proletarische, gütige und triebhafte, sich und ihrer Umwelt ausgelieferte und scheiternde Gestalten schuf. Im Schauspiel »Die Weber« verarbeitet Hauptmann Ereignisse eines spontanen Aufstands der von ihren Arbeitgebern ausgebeuteten, hoffnungslos verelendeten Leinenweber in drei Orten Schlesiens im Jahr 1844. Der Aufstand wurde vom preußischen Militär brutal niedergeschlagen.

S. 58

Barlachs Haus Ernst Barlach (1870–1938), Bildhauer, Grafiker, Dichter. Seine expressionistischen Plastiken wurden von den Nazis als »entartet« verfemt.

S. 59

Tucholsky Kurt Tucholsky (1890–1935), Journalist und Schriftsteller, einer der bedeutendsten deutschen Satiriker, der die Demokratie in der Weimarer Republik zu verteidigen suchte, indem er deren Schwächen anprangerte: Nationalismus, Militarismus, Korruption in Justiz und Pressewesen, die Borniertheit des Berufsbeamtentums. Er verstand aber auch Heiteres zu produzieren: z. B. »Rheinsberg. Ein Bilderbuch für Verliebte«. Von den Nazis 1933 wurde Tucholsky ausgebürgert, seine Bücher wurden verbrannt. 1935 beging Tucholsky in Schweden Selbstmord.

S. 59

Fontane Theodor Fontane (1819–1898), Verfasser kritischer Gesellschaftsromane, mit denen er auf die Entwicklung des Romans entscheidend eingewirkt hat, bekannt auch durch seine Balladen. Delius bezieht sich an dieser Stelle auf das vierbändige Werk »Wanderungen durch die Mark Brandenburg«, der Heimat Fontanes.

S. 64

Lotophagen »Lotosesser«, ein an der nordafrikanischen Küste beheimatetes Märchenvolk der griechischen Mythologie, in dessen Gebiet die Flotte des Odysseus verschlagen wird. Als dessen Gefährten von dem Lotos kosten, schwindet ihre Erinnerung an die Heimat, und Odysseus muss sie mit Gewalt wieder auf die Schiffe bringen.

S. 65

Antifaschistischen Schutzwalls Die vielfach gesicherten Grenzanlagen, welche das DDR-Regime gegen die Fluchtbestrebungen der eigenen Bevölkerung errichtet hatte, die es aber ideologisch als Bollwerk gegen den in der Propaganda behaupteten aggressiven »Faschismus des Westens« zu rechtfertigen suchte.

S. 66

Eduard Fuchs Eduard Fuchs (1870–1940) schrieb eine sechsbändige »Illustrierte Sittengeschichte«, die wegen ihrer Abbildungen äußerst beliebt und verbreitet war.

S. 68

Erich Honecker Erich Honecker (1912–1994) war von 1976 bis 1989 als Vorsitzender des Staatsrates faktisches Staatsoberhaupt der DDR.

S. 72

Bremer Roland Standbild vor dem Bremer Rathaus. Rolandssäulen in Gestalt eines barhäuptigen Ritters mit bloßem Schwert auf den Marktplätzen vieler norddeutscher Städte gelten seit dem Mittelalter als Symbol der hohen Gerichtsbarkeit und der städtischen Rechte und Freiheiten (z. B. der Marktfreiheit).

S. 73

Hugenotten Bezeichnung für die französischen Protestanten (Kalvinisten), die in acht so genannten Hugenottenkriegen von den französischen Königen, welche die Einheit ihres Reiches auch durch eine einheitliche Konfession gesichert sehen wollten, brutal unterworfen wurden. Zahlreiche Hugenotten flohen in protestantische europäische Länder oder nach Nordamerika. Zumeist waren sie dort (u. a. in Preußen und Hessen) wegen ihrer Disziplin und ihrer Tüchtigkeit willkommen. Erst die französische Revolution brachte ihnen die endgültige Sicherung ihrer Glaubensfreiheit.

S. 113

Winckelmann Johann Joachim Winckelmann (1717–1768), Archäologe und Kunstgelehrter. 1755 Romreise, später Aufsicht über die Altertümer in und um Rom. Er gilt mit seinem Hauptwerk »Geschichte der Kunst des Altertums« (1764) als Begründer der Archäologie. Durch seine ästhetische Kunstbetrachtung wurde der Blick von der römischen auf die griechische Antike gelenkt, deren Wesen er als »edle Einfalt und stille Größe« charakterisierte. Damit bestimmte er das Schönheitsideal der deutschen Klassik.

S. 113

Schinkel Karl Friedrich Schinkel (1781–1841) wirkte vor allem in Berlin und der Mark Brandenburg als Baumeister. 1803–1805 Reise nach Italien und Paris. Seine Frühwerke sind von der romantischen Hinwendung zum Mittelalter, vor allem zur Gotik, geprägt. Bald aber verband er mittelalterliche mit klassischen griechischen Formen und entwickelte einen vorbildlichen klassizistischen Stil. Außer repräsentativen Bauten schuf er Gemälde, Grafiken und Bühnenbilder.

S. 116

Lästrygonen Menschenfressende Riesen, in deren von hohen Felsen umgebenem Hafen Odysseus alle seine Schiffe bis auf das eigene verliert. Die Boten des Odysseus im Gespräch mit der Tochter des Lästrygonenkönigs und den Überfall der Unholde zeigt ein römisches Wandgemälde vom Esquilin, einem der sieben Hügel des antiken Rom, aus dem 1. Jh. v. Chr. Auf dieses Gemälde bezieht sich wahrscheinlich das auf Seite 115 erwähnte Bild im Ristorante »Marco Polo«.

S. 116

Herder Johann Gottfried Herder (1744–1803), Philosoph, Theologe und Dichter, welcher der Epoche des Sturm und Drang (vor allem dem jungen Goethe) wesentliche Anregungen gegeben hat. Mit der positiven Bewertung des Mittelalters und der Betonung der Besonderheit des Volkstums der einzelnen Völker hat er nachfolgenden Generationen äußerst fruchtbare Impulse gegeben. Für die deutsche und europäische Geistesgeschichte, besonders für Sprach- und Geschichtsphilosophie, Literatur- und Kulturgeschichte sowie Anthropologie, war er bis in die Gegenwart richtungweisend.

S. 116

Mommsen Theodor Mommsen (1817–1903), bedeutender Historiker, der als Professor für römische Geschichte in Berlin unter zahlreichen anderen grundlegenden Werken eine fünfbändige »Römische Geschichte« verfasst hat, für die ihm 1902 der Nobelpreis für Literatur verliehen wurde.

S. 116

Nietzsche Friedrich Nietzsche (1844–1900), Philosoph und klassischer Philologe, war von 1869 bis 1879 Professor für griechische Sprache und Literatur in Basel; danach Aufenthalte in Oberitalien, Sizilien und der Schweiz; als Folge einer Syphiliserkrankung 1889 endgültiger Zusammenbruch. Sein Werk bereitet den Weg für einflussreiche Geistesströmungen im 20. Jh. (Lebens- und Existenzphilosophie). Allgemein bekannt wird er durch die Forderung nach der Umwertung aller Werte (Nächstenliebe, Mitleid, Glaube usw.), die Kennzeichen christlich-jüdischer »Sklavenmoral« seien. Dem von jeglicher Moral freien »Übermenschen« gehöre die Zukunft. Solcher Gedanken wegen haben die Nationalsozialisten Nietzsche für sich in Anspruch genommen, obwohl Nietzsche Nationalismus, Antisemitismus und Biologismus abgelehnt hat.

S. 117

Tischbein Johann Heinrich Wilhelm Tischbein (1751–1829), deutscher Maler, lebte 1779–1781 und seit 1783 in Rom; reiste mit Goethe nach Neapel, wo er 1789–1798 Akademiedirektor war. Er malte klassizistische Porträts (bekannt vor allem »Goethe in der Campagna«).

S. 117

Rayski Louis Ferdinand von Rayski (1806–1890) schuf über 400 lebensgroße Porträts; auch realistische Landschaften, Tier- und Jagdbilder. Er ist einer der Wegbereiter des deutschen Impressionismus.

S. 121

Horatier Altrömisches Patriziergeschlecht, Ende des 5. Jhs. bereits ausgestorben. Hier wird auf sagenhafte Drillingsbrüder dieses Geschlechts angespielt, die durch den Sieg im Kampf gegen die feindliche Stadt Alba Longa, auf deren Seite die Drillinge der Curiatier kämpften, Rom vor tyrannischer Fremdherrschaft bewahrten.

S. 122

Archimedes (285–212 v. Chr.), bedeutendster griechischer Mathematiker und Physiker, ersetzte die statische Denkweise in der Mathematik durch die dynamische Betrachtung (Anfänge der Integralrechnung), berechnete den Inhalt von krummlinig begrenzten Flächen und von Rotationskörpern, berechnete einen Annäherungswert für die Zahl Pi, entdeckte das Hebelgesetz und das hydrostatische Grundgesetz (Archimedisches Prinzip), konstruierte Maschinen (Flaschenzug, Schrauben u. a.). Bei der Eroberung von Syrakus erschlägt ihn ein römischer Soldat.

S. 123

Bourbonen Verzweigtes französisches Adelsgeschlecht, aus dem Könige auf verschiedenen europäischen Thronen stammen: u. a. von 1735 bis 1860 im Königreich Neapel-Sizilien oder noch heute in Spanien.

S. 129

Die Kartause von Parma Roman von Stendhal (d. i. Marie Henry Beyle, 1782–1842), von dessen Liebe zu Italien der Roman zeugt. Eine Kartause ist das Kloster des Kartäuser-Ordens mit strenger Mönchsregel, 1084 durch Bruno von Köln in Frankreich gegründet.

S. 132

Sparafucile Sparafucile, Bandit und Kneipenwirt, soll im Auftrag Rigolettos, des missgestalteten herzöglichen Hofnarren, dessen Herrn, den Herzog von Mantua, erstechen, weil dieser die schöne Tochter Rigolettos, Gilda, verführt hat. Gilda, die ihren Verführer tatsächlich liebt, opfert sich für den Herzog und lässt sich statt seiner erstechen.

S. 140

Nicolai Gogol Gogol (1809–1852), Dichter der russischen Romantik, ein Meister der Ironie und Groteske. Sein Fragment gebliebenes Hauptwerk »Die toten Seelen« steht in der Tradition des Schelmenromans. 1836–1848 lebte er in Italien.

S. 144

Potemkinsches Dorf Grigori Alexandrowitsch Potemkin, auch als Potjomkin transkribiert, (1739–1791), russischer Reichsfürst, Günstling und engster Berater der Zarin Katharina II., der Großen. Er soll Katharina auf ihrer Krim-Reise 1787 mit Fassaden aufgebaute Dörfer vorgetäuscht haben, um den von ihm geförderten Wohlstand des Landes zu demonstrieren; danach steht der Begriff »Potemkinsche Dörfer« exemplarisch für Trugbilder, Vorspiegelungen.

S. 200

zynischen Philosophen Philosophen der Antike, die Selbstgenügsamkeit zur höchsten Tugend erklärten. Kyniker (abgeleitet vom griechischen Wort kynikos, »hündisch«) wurden sie wegen ihrer Bedürfnislosigkeit und der rüden Art, ihre Lehre zu vermitteln, genannt. Bekanntester Vertreter: Diogenes von Sinope, welcher der Anekdote nach in einer Tonne sein Zuhause hatte.

S. 200

Philippika Ursprünglich Reden des Demosthenes gegen Philipp II. von Makedonien. Danach benannte Cicero seine Reden gegen Marc Anton »Philippicae«. Heute allgemein im Sinne von Straf- und Kampfrede(n).